ENCO

aprecio por
tu amistad de
tantos años.
¡Que el señor
enriquezca
siempre tu
Vida!

Elsa y Guido
25/8/05

Colección ESPIRITUALIDAD

Caswell Walsh, Mary
Creciendo en la esperanza

Dressler, Jorge W.
Señor... ¿Quién te entiende?

Elizondo, Virgilio
Guadalupe, Madre de la nueva creación

Hutchison-Rupp
¿Puedo acompañarte a tu casa?

Liberti, Luis O. svd (comp.)
Al encuentro con Jesús. Oraciones

Loew, Jacques
Mi Dios, mi roca

Nouwen, Henri
- *Abriéndonos*
- *El camino del corazón*
- *Encontrar con Él la vida*

Rupp, Joyce
- *La taza, símbolo de nuestra vida*
- *Pan fresco y otros dones de alimento espiritual*
- *La vida, un regalo de Dios (I)*
  Para vivir los tiempos litúrgicos
- *La vida, un regalo de Dios (II)*
  Oraciones, poemas y reflexiones para cada momento

Wiederkehr, Macrina
¡Contempla tu vida!

HENRI J. M. NOUWEN

ENCONTRAR EN EL LA VIDA

Una invitación a la vida espiritual

EDITORIAL GUADALUPE
Mansilla 3865 - 1425 Buenos Aires

Títulos de las obras originales:
Making All Things New (1ª Parte)
© Harper Row, Publishers, New York 1981
Out of Solitude (2ª Parte)
© Ave María Press, Notre Dame, Indiana, 1974

Anotación para esta edición: Editamos en un solo voluman ambas breves obras originales, tal como se anuncia más arriba, presentándolas como dos partes. La idea nos la inspiró la edición alemana de HERDER y con autorización de las Editoriales dueñas.

Traducido directamente de los originales en inglés por:
Anne Marie Killen OP y
Fray Antonio Hernández OP

3ª Edición
3ª Reimpresión
ISBN: 950-500-103-7

Editorial Guadalupe
Mansilla 3865
1425 Buenos Aires, Argentina

Tel. Fax.: (11) 4826-8587
Internet: http://www.editorialguadalupe.com.ar
E-mail: ventas@editorialguadalupe.com.ar

Hecho el depósito que marca la ley 11.723
Todos los derechos reservados
Impreso, en la Argentina
©**Editorial Guadalupe**, 2003

Prefacio

Durante estos últimos pocos años varios amigos me han preguntado: "¿Qué quieres decir cuando hablas de la vida espiritual?" Cada vez que surgía esta pregunta deseaba tener a mano un libro pequeño y sencillo que pudiera ofrecer el principio de una respuesta. Aunque hay muchos libros excelentes sobre la vida espiritual, yo sentía sin embargo que había un lugar para un escrito capaz de ser leído en pocas horas y que no sólo explicase lo que es la vida espiritual sino que indujese al deseo de vivirla. Este sentimiento me llevó a escribir este libro. Muchas ideas han sido expresadas anteriormente por otros autores como yo, pero yo espero y pido a Dios que el modo como yo las presento ahora sea una ayuda para aquellos que se sientan "llenos pero incompletos", y que les sirvan como "una invitación a la vida espiritual para *Encontrar en El la Vida*".

Henri J. M. Nouwen

Contenido

Prefacio..................................... 5

Ia. Parte
RENOVANDO TODAS LAS COSAS

Introducción............................... 11

I. *Todas esas otras cosas*
   Introducción........................... 14
   Llenos................................. 15
   Incompletos............................ 18
   Conclusión............................. 22

II. *Primero su Reino*
   Introducción........................... 24
   La vida de Jesús....................... 25
   Nuestras vidas......................... 28
   Conclusión............................. 33

III. *Fijad vuestros corazones*
   Introducción........................... 36
   Soledad................................ 38
   Comunidad.............................. 44
   Conclusión............................. 51

IIa. Parte
DESDE LA SOLEDAD
PARA SERVIR A LOS DEMAS EN ESPERA

I. *Desde la soledad*
   Introducción........................... 55
   Nuestra vida en acción................. 57

Nuestra vida en soledad............ 60
Conclusión 62

II. Con solicitud
Introducción.................... 65
Solicitud....................... 68
Comunidad y solicitud 69
Conclusión 72

III. En espera
Introducción.................... 75
Espera como paciencia 76
Espera como alegría 78
Conclusión 80

Primera parte

RENOVANDO TODAS LAS COSAS

*"No andéis, pues, preocupados diciendo:
¿Qué vamos a comer? ¿Qué vamos a beber?
¿Con qué vamos a vestirnos?...
Pues ya sabe vuestro Padre celestial que
tenéis necesidad de todo esto.
Fijad vuestros corazones primero en su Reino...
y todas esas otras cosas se os darán
por añadidura".*

(Mt 6;31-33)

Introducción

En este libro me gustaría explorar lo que significa vivir una vida espiritual y cómo vivirla. En el transcurso de nuestras vidas agitadas y frenéticas a veces nos ponemos a pensar: "¿Cuál es nuestra verdadera vocación en la vida?" "¿Dónde podemos encontrar la paz espiritual que nos capacite para escuchar la voz de Dios que nos llama?" "¿Quién puede guiarnos a través del laberinto interior de nuestros pensamientos, emociones y sentimientos?". Estas y muchas preguntas parecidas expresan un deseo profundo de vivir una vida espiritual, a la vez que una gran desorientación sobre su sentido y práctica.

Yo he escrito este libro, en primer lugar, para aquellos hombres y mujeres que experimentan un impulso persistente a entrar más profundamente en la vida espiritual, pero se hallan perplejos en cuanto a qué dirección tomar. Se trata de personas que "conocen" la vida de Cristo y tienen un deseo profundo de dejar que este conocimiento descienda de sus mentes a sus corazones. Tienen la difusa impresión de que semejante "conocimiento del corazón" no sólo puede aportarles un nuevo sentido de quiénes son, sino que incluso puede hacer nuevas todas las cosas para ellos. Estas mismas personas, sin embargo, sienten a menudo indecisión y miedo de entrar en este camino inexplorado, y a veces piensan si no estarán engañándose. Yo espero que para ellos este pequeño libro suponga un poco de estímulo y dirección.

I. Renovando todas las cosas

Pero también quiero hablar, aunque indirectamente, para la multitud de personas que ignoran la historia cristiana o viven al margen de ella, pero que experimentan un deseo amplio de libertad espiritual. Espero que lo escrito para cristianos resulte escrito en forma tal que quede espacio adecuado para otros, de modo que encuentren puntos en los que anclar en su búsqueda de un hogar espiritual. Este podrá ser un verdadero libro para cristianos cuando se dirija también a aquellos cuya multitud de preguntas sobre el sentido de la vida ha quedado demasiado indefinida. La vida espiritual auténtica encuentra su base en la condición humana que todos, sean o no cristianos, comparten.

Como punto de partida he elegido las palabras de Jesús: "No andéis, pues, preocupados". La preocupación ha llegado a constituir una parte tan importante de nuestra vida diaria, que una vida sin preocupaciones aparece no sólo como imposible sino incluso como indeseable. Tenemos la sospecha de que estar libres de preocupaciones es una falta de realismo y —peor— algo peligroso. Nuestras preocupaciones nos impelen a trabajar más, a prepararnos para el futuro, y a armarnos contra amenazas inminentes. Sin embargo Jesús dice: "No andéis, pues, preocupados diciendo: ¿Qué vamos a comer? ¿Qué vamos a beber? ¿Con qué vamos a vestirnos?. . . Pues ya sabe vuestro Padre celestial que tenéis necesidad de todo esto. Fijad vuestros corazones primero en su Reino. . . y todas esas otras cosas se os darán por añadidura". Con este consejo radical y "poco realista" Jesús indica la posibilidad de una vida sin preocupaciones, una vida en que todas las cosas se renueven. Puesto que me anima la esperanza de describir una vida espiritual en la que el Espíritu de Dios puede recrearnos como un pueblo verdaderamente libre, he titulado este libro *Renovando todas las cosas.*

He dividido mis reflexiones en tres partes. En la primera parte quiero analizar las consecuencias destructivas de las preocupaciones en nuestra vida diaria. En la segunda parte intento mostrar cómo responde Jesús a nuestras preocupaciones paralizantes ofreciéndonos una vida nueva, una vida en la que el Espíritu de Dios puede renovar todas las cosas para nosotros. Finalmente, en la tercera parte, quiero describir algunas decisiones disciplinarias específicas que pueden hacer que nuestras preocupaciones dejen lentamente de dominarnos y que dejen de este modo al Espíritu de Dios hacer su obra renovadora.

I
Todas esas otras cosas

Introducción

La vida espiritual no es una vida anterior, posterior o más allá de nuestra experiencia diaria. No, la vida espiritual puede ser real sólo cuando es vivida en medio de los dolores y alegrías del aquí y ahora. Por lo tanto, necesitamos comenzar dirigiendo una mirada atenta a nuestro modo de pensar, hablar, sentir y actuar hora tras hora, día tras día, semana tras semana y año tras año, para llegar a ser más conscientes de nuestra hambre de Espíritu. Mientras sólo tenemos un sentimiento interior impreciso de descontento con nuestra presente manera de vivir y sólo un deseo indefinido de las "cosas espirituales", nuestras vidas seguirán estancándose en una melancolía generalizada. Muchas veces decimos: "No estoy muy contento. No estoy muy contento con el modo cómo se desenvuelve mi vida. Yo no estoy realmente alegre ni en paz, pero no sé hacer cambiar esta situación, e intuyo que debo ser realista y aceptar mi vida tal como es". Es precisamente esta actitud de resignación la que nos impide buscar activamente la vida del Espíritu.

Nuestra primera tarea es la de disipar este sentimiento vago y tenebroso de descontento y dirigir una mirada crítica al modo cómo estamos llevando nuestras vidas. Esto exige honestidad, coraje y confianza. Con honestidad tenemos que desenmascarar y enfrentar valientemente los juegos con que nos engañamos a nosotros mismos. Tenemos que confiar en que nuestra honestidad y coraje no nos conducirán a la desesperación, sino a un cielo nuevo y a una tierra nueva.

Hoy más que en tiempos de Jesús podemos considerar a la gente del "mundo moderno" como gente preocupada. Pero ¿cómo se manifiesta nuestra preocupación contemporánea? Después de haber mirado críticamente mi propia vida y la vida de quienes me rodean, dos palabras se ofrecen para describir nuestra situación: llenos e incompletos.

Llenos

Una de las características más obvias de nuestras vidas diarias es que estamos ocupados. Experimentamos nuestros días llenos de cosas que hacer, gente con quien encontrarnos, proyectos que terminar, cartas que escribir, llamadas telefónicas que hacer y compromisos que cumplir. Nuestras vidas parecen muchas veces maletas a punto de reventar. En realidad, vivimos casi siempre sabiéndonos en retraso con respecto a lo previsto. Sentimos siempre la intranquilidad de las tareas inconclusas, las promesas no cumplidas, las propuestas fallidas. Siempre hay algo más que debiéramos haber recordado, hecho o dicho. Siempre queda gente a la que no hablamos, escribimos ni visitamos. Así, aunque estamos muy ocupados, siempre tenemos un sentimiento persistente de no haber cumplido suficientemente con nuestras obligaciones.

Lo raro es, sin embargo, que resulta muy difícil no estar ocupado. Estar ocupado ha llegado a ser un signo de prestigio. La gente espera vernos ocupados y que tengamos muchas cosas entre manos. Muchas veces nuestros amigos nos dicen: "Imagino que es-

I. Renovando todas las cosas

tarás muy ocupado, como siempre" (queriendo con ello quedar bien con nosotros). Reafirman así la presunción general de que estar ocupados es algo bueno. En realidad, los que no saben qué hacer en un futuro próximo ponen nerviosos a sus amigos. Muchas veces estar ocupados y ser importantes pasan por ser lo mismo. Cierto número de llamadas telefónicas se inician con la observación siguiente: "Sé que estás muy ocupado pero ¿tienes un minuto?" sugiriendo con ello que un minuto robado a una persona cuya agenda está repleta vale más que una hora de alguien que tiene poco que hacer.

En nuestra sociedad orientada a la producción, estar ocupado ha llegado a ser uno de los modos más importantes, si no *el* más importante, de identificarnos. Sin una ocupación, no sólo nuestra seguridad económica corre peligro sino que hasta nuestra misma identidad se ve comprometida. Ello explica el gran temor con que mucha gente enfrenta su jubilación. Después de todo, ¿quiénes somos cuando no tenemos más una ocupación?

Más esclavizantes que nuestras ocupaciones son, sin embargo, nuestras preocupaciones. Estar *pre*ocupado quiere decir llenar nuestro tiempo y lugar mucho antes de estar allí. Esto es preocuparse en el sentido más específico del término. Es una mente llena de "si...". Nos decimos "¿Qué pasará si me resfrío? ¿Qué, si pierdo mi trabajo? ¿Qué, si mi hijo no llega a casa puntualmente? ¿Qué, si no hay suficiente comida para mañana? ¿Qué, si soy asaltado? ¿Qué, si se declara una guerra? ¿Qué, si el mundo llega a terminarse? ¿Qué si...?" Todos estos "si..." llenan nuestras mentes con pensamientos inquietantes y nos hacen pensar constantemente en lo que habríamos de hacer o decir en hipotéticos casos que podrían suceder. Mucho, si no todo, de nuestro sufrimiento está conectado con estas preocupaciones. Posibles cambios de carrera, posibles conflictos familiares, posibles enfermedades, posibles desastres y un posible holocausto nuclear nos ponen ansiosos, miedosos, recelosos, codiciosos, nerviosos y taciturnos. Nos impiden sentir una real libertad interior. Porque siempre estamos preparándonos para posibles eventualidades, casi nunca confiamos plenamente en el momento presente. No es una exageración decir que mucha energía humana está invertida en estas preocupaciones aprensivas. Nuestras vidas individuales, así como nuestras vidas comunitarias, están tan profundamente moldeadas sobre nuestras preocupaciones por el mañana, que casi nos resulta imposible experimentar el hoy.

No sólo el estar ocupado, sino también el estar preocupado es algo que nuestra sociedad alienta. El modo en que los diarios, la radio y la TV nos comunican sus noticias crean un ambiente de emergencia permanente. Las voces llenas de emoción de los reporteros, la preferencia por los accidentes espantosos, crímenes crueles y conductas pervertidas, y la cobertura informativa permanente de la miseria humana del propio país y del resto del mundo nos sumergen en un clima de inminente catástrofe. Por sobre todas estas malas noticias está además la avalancha de propaganda. Su insistencia machacona en que perderemos algo importante si no leemos tal libro, si no vemos tal película, si no escuchamos tal orador o compramos tal otro nuevo producto, profundiza nuestra inquietud y añade muchas preocupaciones fabricadas a las que ya existían.

Parece a veces como si nuestra sociedad dependiera del mantenimiento de estas preocupaciones artificiales. ¿Qué pasaría si dejáramos de preocuparnos? Si el impulso que lleva a entretenerse tanto, a viajar

I. Renovando todas las cosas

tanto, a comprar tanto y a armarnos tanto no motivara más nuestra conducta ¿podría nuestra sociedad, tal como es en la actualidad, seguir funcionando? La tragedia está en que estamos verdaderamente atrapados en una telaraña de expectativas falsas y necesidades inventadas. Nuestras ocupaciones y preocupaciones llenan nuestras vidas hasta el borde en lo íntimo y en lo exterior. Impiden que el Espíritu de Dios respire libremente en nosotros, renovando así nuestras vidas.

Incompletos

Por debajo de nuestras vidas preocupadas, sin embargo algo más ocurre. Mientras nuestras mentes y corazones están llenos de muchas cosas y podemos cumplir con las expectativas que recaen sobre nosotros porque nosotros mismos y los demás las imponemos, tenemos un fuerte sentimiento de estar incompletos. Mientras estamos ocupados con y preocupados por muchas cosas, casi nunca nos sentimos verdaderamente contentos, en paz o en casa. Por debajo de nuestras vidas llenas perdura el sentimiento persistente de que nuestra vida está incompleta. Reflexionando algo más en esta experiencia de estar incompleto, puedo distinguir diferentes sentimientos. Los más significativos son aburrimiento, resentimiento y depresión.

Aburrimiento es el sentimiento de estar desconectado. Mientras estamos ocupados con muchas cosas, pensamos si lo que hacemos significa realmente algo. La vida se presenta como una serie casual de actividades y acontecimientos sobre los que tenemos poco o ningún control. Estar aburrido, entonces, no quiere decir que no tengamos nada que hacer, sino que nos cuestionamos el valor de las cosas que nos ocupan tan intensamente. La gran paradoja de nuestro tiempo es que muchos de nosotros estamos ocupados y aburridos al mismo tiempo. Mientras corremos de un suceso a otro, pensamos en nuestro interior si realmente está ocurriendo algo. Mientras nos agobiamos intentando cumplir nuestras muchas tareas y obligaciones, no tenemos muy claro si cambiaría algo la situación en el caso de que dejásemos de actuar. Mientras la gente sigue empujándonos en todas las direcciones, dudamos si a alguien realmente le interesa. En pocas palabras, mientras nuestras vidas están llenas, nos sentimos incompletos.

Muchas veces el aburrimiento está muy vinculado al resentimiento. Mientras estamos ocupados, pero pensando si nuestra ocupación significa algo para alguien, fácilmente nos sentimos usados, manipulados y explotados. Comenzamos a vernos como víctimas empujadas y compelidas a hacer una serie de cosas por parte de personas que no terminan de aceptarnos plenamente como seres humanos. Entonces comienza a desarrollarse una cólera interior, una cólera que con el tiempo se incuba en nuestros corazones como un parásito que no cesa de roernos. Nuestra cólera caliente llega lentamente a convertirse en cólera fría. Esta "cólera fría" es el resentimiento que tiene un efecto tan venenoso en nuestra sociedad.

La expresión más debilitada de nuestra falta de plenitud es, sin embargo, la depresión. Cuando empezamos a sentir no sólo que nuestra presencia es irrelevante, sino que incluso se preferiría nuestra ausencia, podemos hundirnos en un sentimiento abrumador de culpabilidad. Esta culpabilidad no está conectada con acción particular alguna, sino con la vida misma. Nos sentimos culpables de vivir. La constatación de que el mundo podría estar mejor sin refrescos, sin desodorantes o sin el submarino nuclear, cuya producción llena nuestras jornadas laborales, puede conducirnos a la pregunta desesperada: ¿"vale la pena vivir?" No es tan sorprendente, entonces, que personas que son aclamadas por muchos debido a sus éxitos y logros se sientan a menudo muy incompletas, hasta el punto incluso de suicidarse.

Aburrimiento, resentimiento y depresión son sentimientos de desconexión en cada caso. Nos presentan la vida como conexión rota. Nos dan un sentimiento de no pertenencia. En las relaciones interpersonales, esta desconexión es experimentada como aislamiento. Cuando sentimos aislamiento nos percibimos como individuos aislados, rodeados quizá por muchas personas pero sin formar parte realmente de alguna comunidad que apoye o aliente. La soledad es, sin duda, una de las enfermedades más extendidas de nuestro tiempo. Afecta no sólo nuestra vida privada, sino también nuestra vida familiar, vida vecinal, vida escolar y vida comercial. Esto causa sufrimiento no sólo en ancianos sino también en niños, adolescentes y adultos. Penetra no sólo en las cárceles sino también en la intimidad del hogar, en las oficinas y en los hospitales. Se puede apreciar en el trato cada vez más raro de la gente en nuestras calles. Desde este aislamiento sofocante muchos claman: "¿Hay alguien a quien realmente le interese?" "¿Hay alguien que me pueda librar de mi sentimiento interior de aislamiento?" "¿Hay alguien con quien pueda sentirme en casa?"

Es este sentido paralizante de aislamiento lo que constituye el núcleo de mucho sufrimiento humano. Podemos aceptar mucho dolor físico e incluso mental cuando sabemos que nos incardina realmente en la vida que vivimos juntos en este mundo. Pero cuando nos sentimos segregados de la familia humana, rápidamente perdemos ánimo. Mientras creemos que nuestros dolores y luchas nos vinculan con nuestros semejantes, hombres y mujeres, y de este modo nos asocian a la lucha humana común por un futuro mejor, estamos predispuestos a aceptar una tarea exigente. Pero cuando pensamos en nosotros mismos como espectadores pasivos que no tienen una contribución que hacer a la historia de nuestra vida, nuestros dolores no son ya dolores de crecimiento y nuestras luchas ya no ofrecen nueva vida, porque entonces tenemos el sentimiento de que nuestras vidas terminan con nosotros y no nos conducen a ninguna parte. A veces, por supuesto, tenemos que decir que la única cosa que recordamos de nuestro pasado inmediato es que estábamos muy ocupados, que cada cosa parecía muy urgente y que casi no podíamos cumplir con todo. Hemos olvidado *qué* estábamos haciendo. Esto muestra lo aislados que hemos llegado a estar. El pasado ya no nos lleva al futuro, simplemente nos deja preocupados, sin promesa alguna de que las cosas vayan a ser diferentes.

Nuestro impulso a liberarnos de este aislamiento puede ser tan fuerte que explote en violencia. Entonces nuestra necesidad de una relación íntima —de un amigo, amante o una comunidad acogedora— se transforma en aferramiento a cualquiera que ofrezca alguna satisfacción inmediata, alguna liberación de la tensión o algún sentimiento transitorio de coincidencia. Entonces nuestra necesidad de los demás degenera en una agresión peligrosa que causa mucho daño y simplemente intensifica nuestro sentimiento de aislamiento.

Conclusión

Yo espero que estas reflexiones nos hayan acercado un poco más al sentido de la palabra *preocupación* en el sentido en que fue usada por Jesús. Hoy preocupación significa estar ocupado y preocupado con muchas cosas, mientras se está al mismo tiempo aburrido, resentido, deprimido y muy aislado. Yo no pretendo decir que todos nosotros estemos siempre preocupados hasta este punto extremo, pero tampoco me cabe duda de que la experiencia de estar lleno pero incompleto nos afecta a la mayoría de nosotros en determinadas circunstancias. En nuestro mundo tan sumamente tecnológico y competidor es difícil evitar completamente las presiones que invaden nuestro espacio interior y exterior y nos desconectan de nuestros seres más íntimos, nuestros semejantes y nuestro Dios.

Una de las características más notables de nuestra preocupación es que fragmenta nuestras vidas. Las muchas cosas que hacer, pensar, planificar, la mucha gente que recordar, visitar, con quien hablar, las muchas causas que atacar o defender, todo esto nos fragmenta y nos hace perder nuestro centro. La preocupación nos hace estar "en todos lados" pero pocas veces en casa. Una manera de expresar la crisis espiritual de nuestro tiempo consiste en decir que la mayoría de nosotros tenemos una dirección pero estamos ausentes de ella. Sabemos a dónde pertenecemos, pero seguimos siendo tironeados en muchas otras direcciones, como si todavía no tuviéramos hogar. "Todas esas otras cosas" siguen exigiendo nuestra atención. Nos conducen tan lejos de nuestra casa, que finalmente olvidamos nuestra verdadera dirección, que es el lugar donde podemos ser encontrados.

Jesús responde a esta condición de estar lleno pero incompleto, muy ocupado pero desconectado, en todos lados pero nunca en casa. El quiere conducirnos al lugar al que pertenecemos. Pero su llamada a vivir una vida espiritual se puede escuchar tan sólo cuando estamos dispuestos a confesar francamente nuestro propio estado de carencia de hogar y de existencia preocupada y a reconocer su efecto fragmentador en nuestra vida diaria. Sólo entonces puede desarrollarse un deseo de nuestro verdadero hogar. Es de este deseo del que habla Jesús cuando dice: "No andéis preocupados... Fijad vuestros corazones... Y todas esas otras cosas se os darán por añadidura".

II
Primero su Reino

Introducción

Jesús responde a nuestra manera de vivir tan llena de preocupación diciendo que no debemos ocuparnos tanto con los asuntos del mundo. El no pretende arrancarnos de los muchos acontecimientos, actividades y personas que componen nuestras vidas. No nos dice que lo que hacemos no es importante, sin valor e inútil. Ni sugiere que debemos retirarnos de nuestros compromisos y vivir una vida tranquila, sosegada y al margen del mundo.

La respuesta de Jesús a nuestras vidas llenas de preocupaciones es muy diferente. Lo que El nos pide es que corramos el punto de gravedad, que reubiquemos el centro de nuestra atención, que cambiemos nuestras prioridades. Jesús quiere que pasemos de las "muchas cosas" a la "única cosa necesaria". Es importante que comprendamos que Jesús no quiere que emigremos de nuestro mundo complejo. Al contrario, quiere que vivamos allí, pero firmemente radicados en el centro de todas las cosas. Jesús no habla de un cambio de actividades, un cambio de relaciones, ni tampoco de un cambio de ritmo. El habla de un cambio del corazón. Este cambio del corazón transforma todo, mientras nada cambia de aspecto. Este es el sentido de "fijad vuestros corazones primero en su Reino... y todas esas otras cosas se os darán por añadidura". Lo que cuenta es dónde están nuestros corazones. Cuando nos preocupamos tenemos nuestros corazones fuera de su lugar.

Jesús nos pide que corramos nuestros corazones hacia su centro, donde todas las otras cosas encuentran su lugar.

¿En qué consiste este centro? Jesús lo llama el Reino, el Reino de su Padre. Para nosotros, en el siglo veinte, esto puede parecer carente de sentido. Reyes y reinos no juegan un papel importante en nuestra vida diaria. Pero sólo cuando entendemos las palabras de Jesús como una llamada urgente a hacer de la vida del Espíritu de Dios nuestra prioridad, podemos ver mejor qué es lo que está en juego. Un corazón puesto en el Reino del Padre es también un corazón puesto en la vida espiritual. Fijar nuestros corazones en el Reino significa, entonces, hacer que la vida del Espíritu dentro y entre nosotros se convierta en el centro de cuanto pensamos, decimos o hacemos.

Quiero ahora explorar con un poco más de detalle esta vida del Espíritu. Primero tenemos que ver cómo se manifiesta el Espíritu de Dios en la vida de Jesús. Entonces deberemos discernir qué significa para nosotros ser llamados por Jesús a entrar con El en esta vida del Espíritu.

La Vida de Jesús

No cabe duda de que la vida de Jesús fue una vida muy ocupada. Estaba ocupado enseñando a sus discípulos, predicando a las multitudes, curando a los enfermos, expulsando demonios, respondiendo a preguntas de enemigos y amigos y corriendo de un lugar a otro. Jesús estaba tan inmerso en la actividad que llegó a serle difícil con el tiempo estar solo. El siguiente relato nos lo muestra: "Le trajeron todos los enfermos y endemoniados... De madrugada, cuando todavía estaba muy oscuro, se levantó, salió y fue a un lugar solitario y allí se puso a hacer oración. Simón y sus compañeros fueron en su busca, al encontrarle, le dicen: "Todos te buscan". El les dice: "Vayamos a otra parte, a los pueblos vecinos, para que también allí predique; pues para eso he salido". Y recorrió toda la Galilea, predicando en sus sinagogas y expulsando a los demonios" (Mc 1,32-39).

Este relato deja en claro que Jesús tenía una vida muy llena y que pocas veces o nunca fue dejado solo. Podría incluso aparecer a nuestra mirada como un fanático compulsivamente impelido a trasmitir su mensaje a toda costa. Sin embargo, la realidad es otra. Cuando con más profundidad penetramos en los relatos evangélicos de su vida, tanto más percibimos que Jesús no era un fanático empeñado en multitud de tareas dispares para conseguir una meta que él mismo se hubiese impuesto. Por el contrario todo lo que sabemos de Jesús nos lo muestra únicamente interesado en esto: hacer la voluntad de su Padre. Nada impresiona tanto en los Evangelios como la obediencia ciega de Jesús a su Padre. Desde las primeras frases que se conservan de él pronunciadas en el Templo: "¿No sabíais que tengo que ocuparme de las cosas de mi Padre?" (Lc 2,49), hasta sus últimas palabras en la cruz: "Padre, en tus manos encomiendo mi espíritu" (Lc 23,46), el único centro de interés de Jesús era hacer la voluntad de su Padre. Dice: "El Hijo no puede hacer nada por su cuenta, sino lo que ve hacer al Padre" (Jn 5,19). Las obras que Jesús hacía eran las que el Padre le mandó a hacer, y las palabras que decía eran las que el Padre le dio. Sobre esto Jesús no deja ningún lugar a la duda: "Si no hago las obras de mi Padre, no me creáis. . ." (Jn 10,37),

"Y la palabra que escucháis no es mía, sino del Padre que me ha enviado" (Jn 14,24).

Jesús no es nuestro Salvador simplemente por las cosas que nos decía o hacía en favor nuestro. Es nuestro Salvador porque lo que dijo e hizo fue dicho y hecho en obediencia a su Padre. Por eso San Pablo pudo decir: "Así como por la desobediencia de un solo hombre todos fueron constituídos pecadores, así también por la obediencia de uno solo todos serán constituídos justos". (Rm 5,19). Jesús es el obediente. El centro de su vida es esta relación obediente con su Padre. Para nosotros podría resultar difícil entender esto, por el hecho de que la palabra *obediencia* tiene tantas connotaciones negativas en nuestra sociedad. Nos hace pensar en modelos autoritarios que imponen sus voluntades contra nuestros deseos. Nos hace recordar acontecimientos infelices de nuestra niñez o tareas difíciles realizadas bajo amenazas de castigo. Pero nada de esto tiene aplicación en el caso de la obediencia de Jesús. Obediencia significa para él un escuchar totalmente y sin temor a su Padre amoroso. Entre el Padre y el Hijo sólo se da el amor. Todo lo que pertenece al Padre, éste se lo encomienda a su Hijo (Lc 10,22), y cada cosa que el Hijo ha recibido, éste se la devuelve al Padre. El Padre se abre totalmente al Hijo y pone todo en sus manos: todo saber (Jn 12-50), toda palabra (Jn 12,50), toda gloria (Jn 8,54), todo poder (Jn 5,19-21). Y el Hijo se abre totalmente al Padre y así pone todo de nuevo en sus manos: "Salí del Padre y he venido al mundo. Ahora dejo otra vez el mundo y voy al Padre" (Jn 16,28).

Este amor inagotable entre el Padre y el Hijo incluye e incluso supera todas las formas de amor por nosotros conocidas. Incluye el amor de un padre y una madre, de un hermano y una hermana, de un esposo y una esposa, de un maestro y un amigo. Pero también va mucho más allá de las váriadas experiencias humanas limitadas y limitantes que conocemos del amor. Es un amor acogedor y exigente. Es un amor posibilitante, pero severo. Es un amor suave, pero fuerte. Es un amor que da la vida mientras acepta la muerte. En este amor divino Jesús fue enviado al mundo, a este amor divino Jesús se ofreció en la cruz. Este amor que todo lo abarca, que compendia la relación entre el Padre y el Hijo, es una persona divina, coigual al Padre y al Hijo. Tiene un nombre personal. Se llama el Espíritu Santo. El Padre ama al Hijo y devuelve todo lo que es al Padre. El Espíritu es el amor mismo abrazando eternamente al Padre y al Hijo.

Esta comunidad eterna de amor es el centro y la fuente de la vida espiritual de Jesús, una vida de atención ininterrumpida al Padre y al Espíritu de amor. De esta vida brota el ministerio de Jesús. Su comer y ayunar, su orar y actuar, su viajar y descansar, su predicar y enseñar, sus exorcismos y curaciones, todo ello fue realizado en el Espíritu de amor. Nunca comprenderemos el sentido pleno del rico y variado ministerio de Jesús si no somos capaces de intuir cómo tantas cosas hunden sus raíces en la única cosa: escuchar al Padre en la intimidad perfecta de amor. Cuando veamos esto, nos daremos cuenta también de que la meta del ministerio de Jesús no es ni más ni menos que introducirnos en esta comunidad tan íntima.

Nuestras vidas

Nuestras vidas están destinadas a llegar a ser como la vida de Jesús. El objetivo final del ministerio de

Jesús es llevarnos a la casa de su Padre. Jesús vino no sólo para librarnos de los lazos del pecado y de la muerte, vino también para introducirnos en la intimidad de su vida divina. Para nosotros es difícil imaginar lo que esto pueda significar. Tenemos la tendencia a subrayar la distancia que media entre Jesús y nosotros. Vemos a Jesús como Hijo de Dios que conoce todas las cosas y todo lo puede, muy lejos del alcance de nosotros que somos seres humanos pecadores y deshechos. Pero al pensar así olvidamos que Jesús vino para darnos su propia vida. Vino a elevarnos hasta la comunión amorosa con su Padre. Solamente cuando caigamos en la cuenta de cuál es el objetivo radical del ministerio de Jesús podremos comprender el sentido de la vida espiritual. Todo cuanto le ha sido dado a Jesús le ha sido dado para que nosotros lo recibamos. Todo cuanto hace Jesús, también nosotros podemos hacerlo. Jesús no habla de nosotros como de ciudadanos de segunda clase. El no nos niega nada a nosotros: "Todo lo que he oído de mi Padre os lo he dado a conocer" (Jn 15,15), "El que cree en mí hará él también las obras que yo hago" (Jn 14,12). Jesús quiere que estemos donde está él. En su oración sacerdotal él no deja ninguna duda sobre sus intenciones: "Como tú Padre en mí y yo en ti, que ellos también sean uno en nosotros... Yo les he dado la gloria que tú me diste para que sean uno como nosotros somos uno: yo en ellos y tú en mí, para que sean perfectamente uno, y el mundo conozca que... yo los he amado a ellos como tú me has amado a mí. Padre, los que tú me has dado, quiero que donde yo esté estén también conmigo para que contemplen mi gloria, la que me has dado... Yo les he dado a conocer tu Nombre y se lo seguiré dando a conocer, para que el amor con que tú me has amado esté en ellos y yo en ellos" (Jn 17,21-26).

Estas palabras expresan emotivamente la esencia del ministerio de Jesús. El se hizo como nosotros para que nosotros llegáramos a ser como él. El no retuvo ávidamente el ser igual a Dios, sino que se despojó de sí mismo tomando nuestra condición para que nosotros podamos llegar a ser como él y así compartir su vida divina.

Esta transformación radical de nuestras vidas es la obra del Espíritu Santo. Los discípulos apenas podían comprender lo que Jesús quería decir. Mientras Jesús les era presente en carne, ellos no reconocieron todavía su plena presencia en el Espíritu. Por eso Jesús dijo: "Os conviene que yo me vaya, porque si no me voy, no vendrá a vosotros el Paráclito, pero si me voy, os lo enviaré... Cuando venga él, el Espíritu de la verdad, os guiará hasta la verdad completa, pues no hablará por su cuenta, sino que hablará lo que oiga, y os anunciará lo que ha de venir. El me dará la gloria, porque recibirá de lo mío y os lo anunciará a vosotros. Todo lo que tiene el Padre es mío; por eso he dicho: Recibirá de lo mío y os lo anunciará a vosotros". (Jn 16,7; 13-15).

Jesús envía su Espíritu para que seamos guiados a la plena *verdad* de la vida divina. No significa una idea, concepto o doctrina, sino la verdadera relación. Ser guiados hacia la verdad es ser guiados hacia la misma relación que Jesús tiene con su Padre, es entrar en los divinos desposorios.

Así, Pentecostés es la realización de la misión de Jesús. En Pentecostés la plenitud de la misión de Jesús se hace visible. Cuando el Espíritu Santo desciende sobre los discípulos y mora con ellos, sus vidas quedan transformadas en vidas como la de

Cristo, vidas moldeadas por el mismo amor que existe entre el Padre y el Hijo. La vida espiritual es realmente una vida en que somos elevados a la participación de la vida divina.

Ser elevados a la vida divina del Padre, del Hijo y del Espíritu Santo, no significa, sin embargo, ser sacados del mundo. Al contrario, los que han entrado en la vida espiritual son precisamente quienes son enviados al mundo para continuar y completar el trabajo que Jesús comenzó. La vida espiritual no nos saca del mundo, sino que nos introduce más profundamente en él. Jesús dice a su Padre: "Como tú me has enviado al mundo, yo también los he enviado al mundo" (Jn 17,18). Aclara que, precisamente porque sus discípulos no pertenecen ya al mundo, pueden vivir en el mundo al estilo en que él vivió: "No te pido que los retires del mundo, sino que los guardes del Maligno. Ellos no son del mundo como yo no soy del mundo" (Jn 17,15-16). La vida en el Espíritu de Jesús es entonces una vida en que la venida de Jesús al mundo —su encarnación, su muerte y resurrección— es vivida por aquellos que han entrado en la misma relación viviente con el Padre que caracterizó a Jesús en su propia vida. Al haber llegado a ser hijos e hijas como Jesús el Hijo, nuestras vidas se convierten en continuación de la misión de Jesús.

"Estar en el mundo sin ser del mundo". Estas palabras resumen bien el modo en que Jesús habla de la vida espiritual. Es una vida en que somos totalmente transformados por el Espíritu de amor. Sin embargo, es una vida en que pareciera que todo sigue igual. Vivir una vida espiritual no quiere decir que tenemos que dejar nuestras familias, nuestras tareas, o cambiar nuestros modos de trabajar, no quiere decir que debamos retirarnos de la actividad

I. Renovando todas las cosas

social o política, o perder el interés por la literatura o el arte, no requiere formas severas de ascetismo o largas horas de oración. Cambios como éstos pueden en realidad, brotar de nuestra vida espiritual y para algunas personas pueden ser necesarias decisiones radicales. Pero hay tantos modos de vivir la vida espiritual cuanta es la diversidad de las personas. La novedad está en que hemos pasado de las muchas cosas al Reino de Dios. Lo nuevo está en que hemos sido librados de las compulsiones de nuestro mundo y hemos fijado nuestros corazones en la única cosa necesaria. Lo nuevo es que no experimentemos ya más las muchas cosas, personas y acontecimientos como causa de interminables preocupaciones, sino que comenzamos a experimentarlos como una rica variedad de modos en que Dios nos hace sentir su presencia.

Por supuesto, vivir una vida espiritual exige cambiar de corazón, una conversión. Dicha conversión puede estar caracterizada por un repentino cambio interior, o puede ocurrir durante un largo y tranquilo proceso de transformación. Pero siempre implica una experiencia de encuentro. Nos damos cuenta de que estamos en el centro y que desde allí todo cuanto existe y ocurre puede ser visto como parte del misterio de la vida de Dios con nosotros. Nuestros conflictos y dolores, nuestras tareas y promesas, nuestras familias y amigos, nuestras actividades y proyectos, nuestras esperanzas y aspiraciones, ya no aparecen como una multiplicidad agobiante de cosas que apenas podemos abarcar, sino más bien como afirmaciones y revelaciones de la nueva vida del Espíritu en nosotros. "Todas esas otras cosas", que nos ocupaban y preocupaban tanto, vienen ahora como dones u oportunidades que fortalecen y profundizan la nueva vida que hemos descubierto. Esto no quiere decir que la vida espiritual haga más fáciles las cosas o elimine nuestras luchas y dolores. Las vidas de los discípulos de Jesús muestran claramente que el sufrimiento no disminuye como resultado de la conversión. A veces se intensifica. Pero ya no prestamos atención a la contabilidad cuantitativa de la mediocridad. Lo que cuenta es escuchar atentamente al Espíritu y dirigirnos obedientemente a donde somos guiados, sea un lugar alegre o sufrido.

Pobreza, dolor, lucha, angustia e incluso la oscuridad interior, pueden seguir siendo parte de nuestra experiencia. Pueden ser también el modo que use Dios para purificarnos. Pero la vida ya no resulta aburrida, resentida, deprimida ni aislada, porque hemos llegado a saber que cada cosa que ocurre es parte de nuestro camino hacia la casa del Padre.

Conclusión

"Primero su Reino". Yo espero que estas palabras hayan recibido algún sentido nuevo. Nos llaman a seguir a Jesús en su camino obediente, a entrar con él en la comunidad establecida por el amor exigente del Padre y para vivir toda la vida desde ahí. El Reino de Dios es el lugar donde el Espíritu de Dios nos guía, nos sana, nos provoca y nos renueva continuamente. Cuando nuestros corazones están fijos en el Reino, nuestras preocupaciones se retiran poco a poco a un segundo plano, porque las muchas cosas que nos hacían preocuparnos tanto empiezan a encontrar su lugar. Es importante caer en la cuenta de que "fijar el corazón en el Reino" no es un método para conseguir trofeos. En ese caso la vida espiritual sería algo así como ganar el primer premio en un concurso de TV. Las palabras "Todas esas otras cosas se os darán por añadidura" expresan que en realidad el amor de Dios y solicitud hacia nosotros abarca todo nuestro ser. Cuando fijamos nuestros corazones en la vida del Espíritu de Cristo, llegamos a ver y comprender mejor cómo Dios nos cuida en la palma de su mano. Llegaremos a una mejor comprensión de lo que realmente necesitamos para nuestro bienestar físico y mental y podremos experimentar la íntima relación que se da entre nuestra vida espiritual y nuestras necesidades temporales mientras viajamos por este mundo de Dios.

Pero esto nos enfrenta con una pregunta muy difícil. ¿Hay algún modo de pasar de nuestra vida llena de preocupación a la vida del Espíritu? ¿Tenemos simplemente que esperar de modo pasivo a que venga el Espíritu y volatilice nuestras preocupaciones? ¿Hay algún modo de prepararnos para la vida del Espíritu y de profundizar esa vida una vez que la hemos recibido? La distancia entre la vida llena pero incompleta, por una parte, y la vida espiritual, por la otra, es tan grande, que podría parecer ilusoria la esperanza de pasar de una a la otra. Las exigencias que nos presenta la vida diaria son tan reales, tan inmediatas y tan urgentes, que una vida del Espíritu parece fuera de nuestras posibilidades.

Mi descripción de la vida llena de preocupaciones y la vida espiritual como los dos extremos del espectro vital fue necesaria para aclarar lo que está en juego. Pero la mayoría de nosotros no estamos ni constantemente preocupados ni únicamente absortos en el Espíritu. A veces hay ráfagas de presencia de Dios en medio de nuestras preocupaciones, y a menudo surgen preocupaciones incluso cuando experimentamos la vida del Espíritu en nuestro ser íntimo. Es importante que gradualmente nos demos cuenta de dónde estamos y que aprendamos a dejar que la vida de Dios crezca con más fuerza en nosotros.

Esto me lleva al cometido final: describir las disciplinas más importantes que pueden apoyarnos en nuestro deseo de que nuestras preocupaciones pierdan su soporte en nosotros y dejen que el Espíritu nos guíe a la verdadera libertad de los hijos de Dios.

III
Fijad vuestros corazones

Introducción

La vida espiritual es un don. Es el don del Espíritu Santo, que nos introduce en el Reino del amor de Dios. Pero afirmar que el ser introducidos en el Reino del amor de Dios es un don divino no significa que esperemos pasivamente a que este don nos sea concedido. Jesús nos dice que fijemos nuestros corazones en el Reino. Fijar nuestros corazones en algo implica no sólo una aspiración seria sino también una determinación decidida. Una vida espiritual exige un esfuerzo humano. Las fuerzas que siguen retrayéndonos a una vida llena de preocupaciones no son de ningún modo fáciles de superar. " ¡Qué difícil es, exclamó Jesús... entrar en el Reino de Dios!" (Mc 10,23). Y para convencernos de la necesidad de un arduo trabajo dice: "Si alguno quiere venir en pos de mí, niéguese a sí mismo, tome su cruz y sígame" (Mt 16,24).

Nos topamos aquí con la cuestión de la disciplina en la vida espiritual. Una vida espiritual sin disciplina es imposible. La disciplina es el otro lado del ser discípulo. La práctica de una disciplina espiritual nos hace más sensibles a la débil y suave voz de Dios. El profeta Elías no encontró a Dios en el huracán violento, ni en el terremoto ni en el fuego, sino en la débil voz (ver 1 Re 19,9-13). Por la práctica de una disciplina espiritual llegamos a estar atentos a la débil voz y dispuestos a responder cuando la escuchamos.

Por todo cuanto he dicho sobre nuestras vidas

preocupadas y sobrecargadas está claro que en general estamos tan rodeados de tanto ruido interior y exterior que resulta difícil escuchar realmente cuando nuestro Dios nos habla. Muchas veces hemos llegado a ser sordos, incapaces de distinguir cuándo nos llama Dios e ineptos para discernir en qué dirección somos llamados. Así nuestras vidas se han vuelto absurdas. En la palabra *absurdo* encontramos el término latino *surdus*, que significa "sordo". Una vida espiritual exige una disciplina porque necesitamos aprender a escuchar a Dios, que habla constantemente pero a quien pocas veces oímos. Cuando, por el contrario, aprendemos a escuchar, nuestras vidas se transforman en vidas obedientes. La palabra *obediente* viene de la palabra latina *audire*, que significa "escuchar". Una disciplina espiritual es necesaria para pasar poco a poco de una vida absurda a una vida obediente, de una vida llena de preocupaciones ruidosas a una vida en que haya algún espacio interior libre en que podamos escuchar a Dios y seguir sus indicaciones. La vida de Jesús fue una vida de obediencia. El siempre escuchaba al Padre, siempre atento a su voz, siempre alerta a sus indicaciones. Jesús era "todo oídos". Esa es la verdadera oración: ser todo oídos para Dios. El núcleo de toda oración es realmente escuchar permaneciendo obedientemente en presencia de Dios.

Una disciplina espiritual, entonces, es el esfuerzo concentrado por crear algún espacio interior y exterior en nuestras vidas, en que se pueda practicar esta obediencia. Por medio de una disciplina espiritual evitamos que el mundo llene nuestras vidas de tal forma que ya no quede lugar en ellas para escuchar. Una disciplina espiritual nos libera para la oración o, para decirlo con más precisión, permite que el Espíritu de Dios ore en nosotros.

Presentaré ahora dos disciplinas por medio de las cuales podemos "fijar nuestros corazones en el Reino".

Pueden ser consideradas como disciplinas de oración. Son la disciplina de la soledad y la disciplina de la comunidad.

Soledad

Sin soledad es virtualmente imposible vivir una vida espiritual. La soledad comienza con un tiempo y lugar para Dios, y sólo para él. Si creemos realmente no sólo que Dios existe sino también que está presente de modo activo en nuestras vidas —sanando, enseñando y guiando— necesitamos reservar un tiempo y espacio para otorgarle sin divisiones nuestra atención. Jesús dice: "Entra en tu aposento y, después de cerrar la puerta ora a tu Padre que está allí en lo secreto" (Mt 6,6).

Incorporar algo de la soledad a nuestras vidas es una de las disciplinas más necesarias, pero también más difíciles. Aunque tenemos un deseo profundo de la verdadera soledad, experimentamos también una cierta aprensión cuando nos acercamos a ese lugar y tiempo de soledad. Tan pronto como nos encontramos solos, sin personas con quienes hablar, libros que leer, TV que mirar, o llamadas telefónicas que hacer, se abre en nosotros un caos interior. Este caos puede ser tan perturbador y tan desconcertante que suspiramos por hallarnos de nuevo ocupados. Entrar en el aposento y cerrar la puerta no significa, sin embargo, que terminen de inmediato todas nuestras dudas interiores, inquietudes, miedos, malos recuerdos, conflictos no resueltos, sentimientos de cólera y deseos impulsivos. Al contrario, cuando hemos eliminado nuestras distracciones exteriores encontramos a menudo que nuestras distracciones interiores se nos presentan con todo su poder. A menudo usamos de las distracciones exteriores para defendernos de nuestros ruidos íntimos. Así, no es sorprendente que nos resulte difícil el tiempo de la soledad. La confrontación con nuestros conflictos interiores puede ser demasiado dolorosa como para soportarla.

Esto hace que la disciplina de la soledad tenga una creciente importancia. La soledad no es una respuesta espontánea a una vida ocupada y preocupada. Hay demasiadas razones para no permanecer solos. Por eso, tenemos que comenzar por planificar cuidadosamente un poco de soledad para nosotros. Puede ser que no podamos aguantar sino cinco o diez minutos por día. Quizás estamos listos para una hora diaria, una tarde cada semana, un día cada mes, o una semana cada año. La cantidad de tiempo variará para cada persona según su temperamento, edad, trabajo, estilo de vida y madurez. Pero no tomamos la vida espiritual en serio si no reservamos un tiempo para estar con Dios y escucharlo. Puede ser que tengamos que escribirlo en blanco y negro en nuestra agenda diaria para que nadie pueda robarnos este período de tiempo. Entonces podremos decir a nuestros amigos, vecinos, estudiantes, clientes de todo tipo o pacientes: "lo siento, pero ya tengo un compromiso a esa hora y no se puede cambiar".

Después de habernos comprometido a pasar tiempo en soledad, desarrollamos una mayor capacidad de atención a Dios. Al principio, durante los primeros días, semanas e incluso meses, podemos tener el sentimiento de que estamos simplemente perdiendo nuestro tiempo. El tiempo pasado en soledad puede parecer al principio muy poco más que un tiempo

I. Renovando todas las cosas

en que nos encontramos bombardeados por miles de pensamientos y sentimientos que surgen de áreas ocultas de nuestras mentes. Uno de los antiguos escritores cristianos describe la primera etapa de oración solitaria como la experiencia de un hombre que, tras haber vivido por años con las puertas abiertas, decide de repente cerrarlas. Las visitas que venían y solían ser recibidas en su casa comienzan ahora a golpear insistentemente en sus puertas, preguntándose por la razón de que ahora no se las deje pasar. Sólo cuando, con el tiempo, se dan cuenta de que no son bienvenidas, dejarán de venir. Esta es la experiencia de cualquiera que decida entrar en la soledad después de una vida sin mucha disciplina espiritual. Al principio las muchas distracciones siguen presentándose. Más adelante en la medida en que reciban menos y menos atención, se van retirando lentamente.

Está claro que lo que cuenta es la fidelidad a la disciplina. Al principio, la soledad aparece como tan contraria a nuestros deseos que estamos constantemente tentados de abandonarla. Un modo de hacerlo es soñar despierto o simplemente dormir. Pero cuando perseveramos en nuestra disciplina con la convicción de que Dios está con nosotros, aunque todavía lo oigamos, descubrimos lentamente que no queremos desaprovechar el tiempo que tenemos para estar solos con Dios. Aunque no experimentemos mucha satisfacción en nuestra soledad, constatamos que un día sin soledad es menos "espiritual" que un día con ella.

Intuitivamente, sabemos que es importante pasar tiempo en soledad. Incluso disfrutamos por anticipado este raro período de ocio. Este deseo de soledad es muchas veces el primer signo de oración, la primera indicación de que la presencia del Espíritu de Dios no pasa ya más inadvertida. Mientras nos vaciamos de nuestras muchas preocupaciones, llegamos a conocer no sólo con nuestra mente sino incluso con nuestro corazón que nunca habíamos estado realmente solos, que el Espíritu de Dios estaba desde siempre con nosotros. Llegamos así a comprender lo que Pablo escribe a los romanos: "la tribulación engendra paciencia... la paciencia virtud probada, la virtud probada esperanza y la esperanza no falla, porque el amor de Dios ha sido derramado en nuestros corazones por el Espíritu Santo que nos ha sido dado". (Rm 5,4-6). En la soledad llegamos a conocer el Espíritu que ya nos ha sido dado. Las tribulaciones y luchas que encontramos en nuestra soledad se convierten así en camino a la esperanza, porque nuestra esperanza no se basa en algo que ocurrirá cuando se acaben nuestros sufrimientos, sino en la presencia real del Espíritu sanante de Dios en medio de estos sufrimientos. La disciplina de la soledad nos permite lentamente llegar a palpar esta presencia esperanzadora de Dios en nuestras vidas, y nos permite también pregustar ya ahora los comienzos de la alegría y paz que pertenecen al cielo nuevo y a la nueva tierra.

La disciplina de la soledad, como la he descrito aquí, es una de las disciplinas más poderosas para desarrollar una vida de oración. Es un modo sencillo, pero no fácil, de librarnos de la esclavitud de nuestras ocupaciones y preocupaciones y empezar a oir la voz que renueva todas las cosas.

Permitidme ofrecer una descripción más concreta de cómo se puede practicar la disciplina de la soledad. Es una gran ventaja tener cuarto o un rincón — ¡o un armario grandote!— reservado para esta disciplina de la soledad. Un lugar así "listo" nos ayuda a fijar nuestros corazones en el Reino sin especiales preparaciones que lleven mucho tiempo. Algunas personas gustan de adornar tal lugar con algún icono, una vela o una planta sencilla. Pero lo importante es que el lugar destinado a la soledad sea simple y austero. Ahí vivimos en la presencia del Señor. Nuestra tentación es hacer algo útil; leer algo estimulante, pensar en algo interesante o experimentar algo fuera de lo común. Pero nuestro momento de soledad es precisamente un momento en que queremos estar en la presencia de nuestro Señor con las manos vacías, desnudos, vulnerables, inútiles, sin mucho que mostrar, probar o defender. Así es como lentamente aprendemos a escuchar la débil voz de Dios. Pero ¿qué hacer con nuestras numerosas distracciones? ¿Debemos luchar contra estas distracciones, esperando que así nos volvamos más atentos a la voz de Dios? No puede ser éste el modo de llegar a la oración. Crear un espacio vacío en el que poder escuchar al Espíritu de Dios no es fácil cuando ponemos toda nuestra energía en luchar contra las distracciones de modo tan directo; terminamos por prestarles más atención de la que merecen. Más bien lo que tenemos a nuestra disposición para prestarles atención son las palabras de la Escritura. Un salmo, una parábola un relato bíblico, un dicho de Jesús o una palabra de Pablo, Pedro, Santiago, Judas o Juan puede ayudarnos a centrar nuestra atención en la presencia de Dios. De este modo privamos a todas esas otras cosas de su poder sobre nosotros. Cuando en el centro de nuestra soledad ponemos palabras de la Escritura, tales palabras —sean una expresión breve, algunas frases o un texto más largo— pueden funcionar como el punto al que volver cuando hemos vagado en distintas direcciones. Constituyen un anclaje seguro en un mar turbulento. Al término de este período de tranquila convivencia con Dios podemos, por la oración de intercesión, llevar a toda la gente que forma parte de nuestra vida a su presencia sanante, ya se trate de amigos o de enemigos. Y ¿por qué no concluir con las palabras que Jesús mismo nos enseñó: el padrenuestro?

Esta es tan sólo una forma concreta en que se puede practicar la disciplina de la soledad. Es posible introducir variantes sin límites. Paseos en plena naturaleza, la repetición de oraciones cortas como la oración de Jesús, formas sencillas de salmodia, ciertos movimientos o posturas, éstos y muchos otros elementos pueden convertirse en una parte provechosa de la disciplina de la soledad. Pero tenemos que decidir cuál de estas formas concretas de disciplina es más apropiada para nosotros, a cuál de ellas podemos permanecer fieles. Es mejor tener una práctica diaria de diez minutos de soledad, que tener una hora entera de vez en cuando. Es mejor llegar a familiarizarse con una postura que seguir experimentando con varias. Simplicidad y regularidad son las mejores guías en la búsqueda de nuestro propio camino. Nos permiten llegar a que la disciplina de la soledad sea tan parte de nuestras vidas como el comer y el dormir.

Cuando esto ocurre, nuestras preocupaciones ruidosas perderán lentamente su poder sobre nosotros y la acción renovadora del Espíritu de Dios hará conocer poco a poco su presencia.

Aunque la disciplina de la soledad nos pide que dediquemos tiempo y espacio para ella, lo que a la postre cuenta es que nuestros corazones se conviertan en celdas tranquilas en las que Dios pueda morar, estemos donde estemos o hagamos lo que hagamos. Cuanto más nos sometamos a este entrenamiento de pasar tiempo con Dios y sólo con él, más descubriremos que Dios está con nosotros siempre y en todo lugar. Entonces podremos reconocerlo aun en medio de una vida ocupada y activa. Una vez que la soledad del tiempo y el espacio hayan llegado a ser la soledad del corazón, nunca más tendremos que dejar esta soledad. Podremos vivir la vida espiritual en cualquier lugar y en cualquier tiempo. Así, la disciplina de la soledad nos ayuda a llevar vida activa en el mundo, mientras permanecemos ininterrumpidamente en la presencia del Dios vivo.

Comunidad

La disciplina de la soledad no se sostiene sola. Está íntimamente relacionado con la disciplina de comunidad. Comunidad como disciplina es el esfuerzo de crear el espacio libre y vacío entre personas en que juntos puedan practicar la verdadera obediencia. Gracias a la disciplina de comunidad evitamos apegarnos unos a otros en el miedo y el aislamiento, y despejamos un espacio libre para escuchar la voz liberadora de Dios.

Hablar de comunidad como de una disciplina puede sonar extraño, pero sin disciplina la comunidad puede convertirse en una palabra "sin fuerza", haciendo referencia más a un lugar seguro, cómodo y excluyente que a un espacio en que se pueda recibir nueva vida y llevarla a su plenitud. Donde se da una verdadera comunidad, resulta crucial la disciplina. Es crucial no sólo en las muchas formas, nuevas y antiguas, de la vida común, sino también en el mantenimiento de relaciones de amistad, matrimonio y familia. Crear espacio para Dios entre nosotros exige que cada uno reconozca constantemente el Espíritu de Dios en los demás. Cuando hemos llegado a conocer el Espíritu vivificante de Dios en el centro de nuestra soledad, y de este modo hemos podido afirmar nuestra verdadera identidad, podemos ver también que el mismo Espíritu de vida nos habla por nuestros semejantes. Y cuando hemos llegado a reconocer al Espíritu vivificante de Dios como el manantial de nuestra vida en común, también nosotros escucharemos con mejores disposiciones su voz en nuestra soledad.

Amistad, matrimonio, familia, vida religiosa y toda otra forma de comunidad son otras tantas formas de la soledad saludando a la soledad del espíritu hablando al espíritu y del corazón llamando al corazón. Es el reconocimiento agradecido de la llamada de Dios a compartir la vida juntos y el ofrecimiento gozoso de un espacio hospitalario donde el poder recreante del Espíritu de Dios pueda manifestarse. Así, todas las formas de vida en común pueden llegar a ser caminos para revelarnos unos a otros la presencia real de Dios en medio de nosotros.

La comunidad tiene poco que ver con la compatibilidad. Las afinidades en nuestra educación, en nuestro temperamento o posición social son motivos suficientes para unirnos, pero nunca pueden constituir una base para la comunidad. La comunidad se basa en Dios, que nos llama juntos, y no en la mutua atracción. Hay muchos grupos que han sido formados para proteger sus propios intereses, defender su propio status o para promover sus propias causas, pero ninguno de ellos es una comunidad cristiana. En vez de irrumpir a través de los muros del temor y crear nuevo espacio para Dios, éstos se cierran a intrusos reales o imaginarios. El misterio de la comunidad reside precisamente en que abraza a *todos*, no importa cuáles sean sus diferencias individuales, y les permite vivir juntos como her-

I. Renovando todas las cosas

manos y hermanas de Cristo y como hijos e hijas de su Padre celestial.

Me gustaría describir una forma concreta de esta disciplina de comunidad. Es la práctica de escuchar juntos. En nuestro mundo saturado de palabras pasamos nuestro tiempo hablando unos con otros. Nos sentimos más cómodos compartiendo experiencias, discutiendo temas interesantes o arguyendo sobre los temas de actualidad. Tratamos de descubrirnos unos a otros a base de un intercambio verbal muy activo. Pero a menudo nos percatamos de que las palabras hacen más de paredes que de portones, más como formas de guardar las distancias que de acercamiento. Muchas veces —aun contra nuestros propios deseos— nos encontramos compitiendo entre nosotros. Tratamos de mostrarnos mutuamente que merecemos que se nos preste atención, que tenemos algo que mostrar que nos hace especiales. La disciplina de la comunidad nos ayuda a permanecer silenciosamente juntos. Este silencio disciplinado no es un silencio vergonzante, sino un silencio en que juntos prestamos atención al Señor que nos ha llamado juntos. De este modo llegamos a conocernos no como personas que acoplan ansiosamente la identidad personal y lograda con anterioridad, sino como personas queridas por el mismo Dios de modo muy íntimo y único.

Aquí —como en el caso de la disciplina de la soledad— son las palabras de la Escritura las que a menudo pueden conducirnos a este silencio compartido. La fe, como dice San Pablo, procede del escuchar. Cada uno ha de escuchar la palabra del otro. Cuando venimos juntos desde distintas posiciones geográficas, históricas, psicológicas y religiosas, a escuchar a distintas personas que hablan la misma palabra puede crear en nosotros una apertura y vulnerabilidad común que nos permitan reconocer que nuestra seguridad común reside en esa palabra. Así, llegamos a descubrir nuestra verdadera identidad como comunidad, llegamos a experimentar lo que significa haber sido llamados juntos, y llegamos a reconocer que el mismo Señor que habíamos descubierto en nuestra soledad habla también en la soledad de nuestros prójimos, sea cual fuere su idioma, religión o carácter. Mientras se escucha juntos la palabra de Dios, puede brotar un silencio genuino y creativo. Este silencio está lleno de la presencia solícita de Dios. De este modo, escuchar juntos la palabra de Dios puede liberarnos de nuestra competitividad y rivalidades y permitirnos reconocer nuestra verdadera identidad como hijos e hijas del mismo Dios amoroso, y hermanos y hermanas de nuestro Señor Jesuscristo, y por tanto hermanos entre nosotros.

Este ejemplo sobre la disciplina de comunidad es uno entre muchos posibles. Celebrar juntos, trabajar juntos, jugar juntos, todos éstos son modos en que la disciplina de la comunidad puede ser practicada. Pero, sea cual fuere su figura o forma concreta, la disciplina de comunidad siempre nos lleva más allá de las fronteras marcadas por la raza, el sexo, la nacionalidad, el carácter o la edad, y siempre nos revela quiénes somos delante de Dios y unos delante de los otros.

La disciplina de la comunidad nos hace personas, es decir, gente que hace resonar para los otros (la palabra latina *personare* significa "resonar a través de") una verdad, una belleza y un amor que es más grande, más pleno y rico de lo que nosotros mismos podemos alcanzar. En una verdadera comunidad somos ventanas que nos ofrecemos unos a otros nuevos paisajes del misterio de la presencia de Dios en nuestras vidas. Así, la disciplina de comunidad es una verdadera disciplina de oración. Nos vuelve alertas a la presencia del Espíritu que grita "Abba", Padre, entre nosotros y así ora desde el centro de nuestra vida común. De esta forma, la vida común es la obediencia practicada juntos. La cuestion no es simplemente: "¿Dónde me conduce Dios como una persona individual que intenta cumplir su voluntad?". Más básica y más significativa es la pregunta: "¿A dónde nos conduce Dios como un pueblo?" Esta pregunta exige que prestemos una atención cuidadosa a la dirección de Dios en nuestra vida común y que juntos busquemos una respuesta creativa. Aquí llegamos a percibir que la oración y la acción son realmente una sola cosa, porque cualquier cosa que hagamos como comunidad no podrá ser otra cosa que un acto de verdadera obediencia cuando constituye una respuesta al modo como hemos escuchado la voz de Dios en medio de nosotros.

Finalmente, tenemos que recordar que la comunidad, como la soledad, es ante todo una cualidad del corazón. Aunque siempre es verdad que no sabremos lo que es la comunidad hasta que no nos reunamos juntos en un mismo lugar, la comunidad sin embargo no requiere necesariamente que estemos juntos físicamente. Podemos vivir muy comunitariamente mientras permanecemos físicamente solos. En tal situación podemos actuar libremente, hablar francamente y sufrir pacientemente, como resultado del íntimo vínculo de amor que nos une con los demás, incluso cuando el tiempo y el espacio nos separan de ellos. La comunidad de amor se extiende no solamente más allá de los límites de los países y los continentes, sino también más allá de los decenios y siglos. No sólo la conciencia de quienes están muy lejos, sino también la memoria de quienes han vivido hace mucho puede conducirnos a una comunidad sanante, alentadora y capaz de orientar. El espacio para Dios en la comunidad trasciende todos los límites de tiempo y lugar.

De este modo la disciplina de comunidad nos deja libres para ir donde el Espíritu nos lleve. Incluso a aquellos lugares a los que preferiríamos no ir. Esta es la experiencia verdaderamente pentecostal. Cuando el Espíritu descendió sobre los discípulos reunidos, éstos fueron liberados para que pudieran salir de su sala herméticamente cerrada al mundo. Mientras permanecieron unidos en base al miedo, no estaban formando comunidad. Pero cuando hubieron recibido el Espíritu, se transformaron en un cuerpo de personas libres que podían mantener la comunión entre ellos aun cuando se encontraban tan lejos entre sí como Roma lo está de Jerusalén. Así, cuando es el Espíritu de Dios y no el miedo lo que nos reune en comunidad, ninguna distancia de tiempo ni lugar puede separarnos.

Conclusión

Por la disciplina de la soledad descubrimos un espacio para Dios en nuestro ser más íntimo. Por la disciplina de comunidad descubrimos un lugar para Dios en nuestra vida común. Ambas disciplinas van juntas precisamente porque el espacio dentro de nosotros y el espacio entre nosotros son idénticos.

En este espacio divino el Espíritu de Dios ora en nosotros. La oración es ante todo la presencia activa del Espíritu Santo en nuestras vidas personales y comunitarias. Por las disciplinas de soledad y de comunidad intentamos remover —lentamente, suavemente, pero persistentemente— los muchos obs-

I. Renovando todas las cosas

táculos que nos impiden escuchar la voz de Dios dentro de nosotros. Dios nos habla no sólo una que otra vez, sino siempre. Durante el día y la noche, en el trabajo y en las diversiones, en la alegría y en las penas, el Espíritu de Dios está activamente presente en nosotros. Nuestra tarea consiste en dejar que esta presencia llegue a ser real para nosotros en todo cuanto hacemos, decimos o pensamos. La soledad y la comunidad son las disciplinas por las que se nos ofrece un espacio libre para atender a la presencia del Espíritu de Dios y responder sin temor y generosamente. Cuando hemos escuchado la palabra de Dios en nuestra soledad, la podremos escuchar también en nuestra vida comunitaria. Cuando la hayamos escuchado en nuestros semejantes, la escucharemos también cuando permanezcamos con él a solas. Tanto en soledad como en comunidad, solos o con otros, estamos llamados a vivir vidas obedientes, lo que quiere decir vidas de oración incesante —"incesante" no por razón de las muchas oraciones que digamos sino por razón de nuestra atención a la oración incesante del Espíritu de Dios dentro y entre nosotros—.

Conclusión

Me había formulado al principio estas preguntas: "¿Qué significa vivir una vida espiritual?" Y "¿cómo la vivimos?" En este libro he descrito la vida espiritual como la presencia activa del Espíritu de Dios en medio de una existencia llena de preocupaciones. Esta vida llega a convertirse en posibilidad cuando por medio de las disciplinas de soledad y comunidad creamos lentamente algún espacio interior libre en nuestras vidas llenas y así permitimos que el Espíritu de Dios llegue a sernos manifiesto.

Vivimos en un mundo lleno de preocupaciones. Nos encontramos ocupados y preocupados con muchas cosas, mientras a la vez nos sentimos aburridos, resentidos, deprimidos y muy aislados. En medio de este mundo, el Hijo de Dios, Jesucristo, aparece y nos ofrece vida nueva, la vida del Espíritu de Dios. Deseamos esta vida, pero también caemos en la cuenta de que es radicalmente distinta de la vida a la que estamos habituados, e incluso nos parece que aspirar a vivirla bordea lo ilusorio. ¿Cómo podemos, entonces, pasar de la fragmentación a la unidad, de las muchas cosas a la única cosa necesaria, de nuestras vidas divididas a vidas unificadas en el Espíritu? Se requiere una dura lucha. Es la lucha por permitir que el Espíritu de Dios trabaje en nosotros y nos recree. Pero esta lucha no está más allá de nuestras posibilidades. Exige de nosotros algunos pasos muy concretos bien planificados. Exige algunos momentos diarios en la presencia de Dios en que podamos escuchar su voz, precisamente en medio de nuestros muchos asuntos. Nos exige también el esfuerzo persistente por estar con los demás de un modo nuevo, procurando verlos no como a personas a quienes podamos apegarnos a causa del miedo sino como semejantes con quienes podemos crear nuevo espacio para Dios. Estos pasos bien planificados, estas disciplinas, son la modalidad concreta que adopta el "fijar vuestros corazones en su Reino" y pueden desactivar lentamente el poder de nuestras preocupaciones y así conducirnos a la oración ininterrumpida.

El comienzo de la vida espiritual resulta muchas veces dificultoso, no sólo porque las fuerzas que nos llevan a preocuparnos son muy poderosas, sino también porque la presencia del Espíritu de Dios parece muy poco perceptible. Si, por el contrario, permanecemos fieles a nuestras disciplinas, conoceremos una nueva hambre. Esta nueva hambre es el primer signo de la presencia de Dios. Mientras permanecemos atentos a esta presencia divina, seremos introducidos más profundamente en el Reino. Allí, para gozosa sorpresa nuestra, descubriremos que todas las cosas están siendo renovadas.

Segunda parte

DESDE LA SOLEDAD PARA SERVIR A LOS DEMAS EN ESPERA

*En agradecimiento por los hermosos
diez años pasados con los estudiantes
y la Facultad de Yale Divinity Scholl.*

A Peter y Anke Naus

I
Desde la soledad

Al atardecer, a la puesta del sol, le trajeron todos los enfermos y endemoniados, la ciudad entera estaba agolpada a la puerta. Jesús curó a muchos que se encontraban mal de diversas enfermedades y expulsó muchos demonios. Y no dejaba hablar a los demonios, pues le conocían.
De madrugada, cuando todavía estaba muy oscuro, se levantó, salió y fue a un lugar solitario y allí se puso a hacer oración. Simón y sus compañeros fueron en su busca; al encontrarle, le dicen: "Todos te buscan". El les dice: "Vayamos a otra parte, a los pueblos vecinos, para que también allí predique; pues para eso he salido." Y recorrió toda Galilea, predicando en sus sinagogas y expulsando los demonios. (Mc 1,32-39).

Introducción

"De madrugada, cuando todavía estaba muy oscuro, se levantó, salió y fue a un lugar solitario y allí se puso a hacer oración".

En medio de frases cargadas de acción —sanando a gente sufriente, echando demonios, respondiendo a los discípulos impacientes, viajando de aldea en aldea y predicando en cada sinagoga— encontramos estas palabras tranquilas: "De madrugada, cuando todavía estaba muy oscuro, se levantó, salió y fue a un lugar solitario y allí se puso a hacer oración".

II. Desde la soledad para servir a los demás en espera

En medio de una actividad jadeante, oímos un respiro de tranquilidad. Atrapados por horas de movimiento, encontramos un momento de tranquila quietud. En lo más espeso del excesivo compromiso encontramos una invitación al retiro. En medio de la acción se da la contemplación. Y después de mucho compañerismo hay soledad. Cuanto más leo esta frase casi silenciosa encerrada entre las ruidosas palabras de acción, más comprendo que el secreto del ministerio de Jesús se esconde en aquel lugar solitario en que se retiró a orar, de madrugada, cuando todavía estaba muy oscuro.

En el lugar solitario Jesús encuentra el coraje para seguir la voluntad de Dios y no la suya; para hablar las palabras de Dios y no las suyas, para hacer el trabajo de Dios y no el suyo. El nos recuerda constantemente: "Yo no puedo hacer nada por mi cuenta... porque no busco mi voluntad, sino la voluntad del que me ha enviado" (Jn 5,30). Y en otra ocasión: "Las palabras que os digo, no las digo por mi cuenta, el Padre que permanece en mí es el que realiza las obras". (Jn 14,10). Es en el lugar solitario, en que Jesús entra en intimidad con el Padre, donde nace su ministerio.

Yo quiero reflexionar sobre este lugar solitario en nuestras vidas. De algún modo sabemos que sin un lugar solitario nuestras vidas corren peligro. De algún modo sabemos que sin silencio las palabras pierden su sentido, que sin escuchar el hablar no sana ya, que sin la distancia la proximidad no puede curar. De algún modo sabemos que sin un lugar solitario nuestras acciones se convierten rápidamente en gestos vacíos. El equilibrio correcto entre silencio y palabras, retiro y compromiso, distancia y proximidad, soledad y comunidad, constituye la base de la vida cristiana y debe convertirse, por tanto, en materia de nuestra más personal atención. Miremos, pues, más detenidamente a nuestra vida en acción, en primer lugar, y después a nuestra vida en soledad.

Nuestra vida en acción

Hace falta poco esfuerzo para darse cuenta de que en nuestro mundo particular todos tenemos un fuerte deseo de llevar algo a cabo. Algunos de nosotros pensamos en términos de cambios drásticos en la estructura de nuestra sociedad. Otros desean al menos construir una casa, escribir un libro, inventar una máquina o ganar un trofeo. Y algunos de nosotros sólo parecemos estar contentos cuando logramos hacer algo que resulta valioso para alguien. Pero prácticamente todos nosotros tenemos una imagen de nosotros mismos que se forja a la luz de nuestra contribución a la vida. Y cuando llegamos a la ancianidad, muchos de nuestros sentimientos de felicidad o tristeza al evaluarnos dependen del papel que hemos jugado en dar forma a nuestro mundo y su historia. Como cristianos, sentimos incluso un llamado especial a hacer algo bueno para alguien: dar consejo, consolar, echar un demonio o dos, y quizás incluso predicar la Buena Nueva de un lugar a otro.

Mas, aunque este deseo de ser útil puede ser un signo de salud mental y espiritual en nuestra sociedad caracterizada por la prosecución de metas, puede también convertirse en fuente de paralizante falta de autoestima. Lo más frecuente es que no sólo deseemos hacer cosas significativas sino que tomemos los resultados de nuestra acción como criterios para nuestra autoestima. Y así ocurre que no solamente tenemos éxitos, sino que llegamos a ser nuestros

II. Desde la soledad para servir a los demas en espera

éxitos. Cuando te dedicas a dar conferencias en este país, te das cuenta de que cuanto más edad tienes más tiempo se dedica a hacer tu presentación, porque quienes la hacen se sienten obligados a enumerar todos tus logros desde tus estudios hasta la actualidad.

Cuando comenzamos a dejarnos impresionar en demasía por los resultados de nuestro trabajo, vamos llegando poco a poco a la errónea convicción de que la vida es un gigantesco marcador en que alguien va anotando los tantos para medir nuestra valía. Y antes de caer en la cuenta de ello, hemos vendido ya nuestra alma a los muchos otorgadores de grados que hay en la vida. Esto significa que no sólo estamos en el mundo, sino que incluso somos del mundo. Nos convertimos entonces en lo que el mundo nos hace. Somos inteligentes porque alguien nos otorga un grado elevado. Somos serviciales porque alguien nos dice gracias. Somos simpáticos porque alguien nos quiere. Y somos importantes porque alguien nos considera indispensables. En pocas palabras, valemos porque tenemos éxitos. Y cuanto más permitimos que nuestros éxitos —los resultados de nuestras acciones— lleguen a ser el criterio de nuestra autoestima, más cuidado vamos a poner a nivel mental y espiritual al no poder estar nunca seguros de si vamos a poder vivir a la altura de las expectativas que hemos creado con nuestros últimos éxitos. En la vida de muchas personas se da una cadena casi diabólica en que sus inquietudes van en aumento a la par que sus éxitos. Este poder tenebroso ha conducido a muchos de los más grandes artistas a su autodestrucción.

En este mundo orientado al éxito nuestras vidas se ven cada vez más dominadas por los superlativos. Presumimos de tener la torre más alta, el corredor más rápido, el puente más largo y el estudiante mejor (en Holanda presumimos al revés: tenemos la aldea más pequeña, la calle más estrecha, la casa más chiquita y los zapatos más incómodos).

Pero por debajo de todo el énfasis que ponemos en nuestra acción exitosa, muchos de nosotros sufrimos de una profunda falta de autoestima y vamos por el mundo constantemente temerosos de que algún día alguien desenmascare la ilusión y muestre que no somos tan inteligentes, tan buenos, ni tan amables como la gente llegó a creer. De vez en cuando alguien confesará en un momento de intimidad: "Todos piensan que soy muy tranquilo y sereno, ¡pero si en realidad supieran cómo me siento...!". Esta duda persistente sobre sí mismo está en la base de muchas depresiones en la vida de innumerables personas que luchan en nuestra sociedad competitiva. Además, este temor corrosivo de que se descubran nuestras debilidades impide el compartir comunitario y creativo. Cuando hemos vendido nuestra identidad a los jueces de este mundo, necesariamente hemos de preocuparnos, debido a la creciente necesidad de ser afirmados y adulados en que hemos caído. En realidad nos sentimos tentados de desánimo, a causa del constante autorrechazo. Y estamos en serio peligro de encontrarnos aislados, dado que la amistad y el amor son imposibles sin una vulnerabilidad recíproca.

Y entonces, cuando nuestras acciones se han convertido más en una expresión del miedo que de una libertad interior, fácilmente nos convertimos en prisioneros de las ilusiones que nosotros mismos nos hemos creado.

II. Desde la soledad para servir a los demás en espera

Nuestra vida en soledad

Vivir una vida cristiana significa vivir *en* el mundo sin ser *del* mundo. Sólo en la soledad puede crecer esta libertad. Jesús salió a un lugar solitario para orar, o sea, para crecer en la conciencia de que todo el poder que tenía le fue dado; que todas las palabras que decía venían de su Padre; que todas las obras que hacía no eran realmente suyas, sino las del que lo había enviado. En el lugar solitario Jesús recibió la libertad de poder fracasar.

Una vida sin un lugar solitario, esto es, una vida sin un centro calmo, fácilmente se vuelve destructiva. Cuando adherimos a los resultados de nuestras acciones como a nuestro único modo de autoidentificación, entonces nos volvemos posesivos y defensivos y propendemos a mirar a nuestros semejantes más como enemigos a los que mantener distantes que como amigos con quienes compartir los dones de la vida.

En la soledad podemos desenmascarar lentamente la ilusión de nuestra posesividad y descubrir en el centro de nuestro ser que no somos lo que podemos conquistar sino lo que nos ha sido dado. En la soledad podemos escuchar la voz del que nos habló antes de que nosotros pudiéramos articular palabra alguna, que nos sanó antes de que pudiéramos hacer algún gesto de ayuda, que nos liberó antes de que pudiésemos liberar a otros, y que nos amó mucho antes de que pudiéramos dar amor a nadie. Es en esta soledad donde descubrimos que ser es más importante que tener y que valemos más que el conjunto de nuestros esfuerzos. En la soledad descubrimos que nuestra vida no es una posesión que defender, sino un don para compartir. Allí reconocemos que las palabras sanantes que pronunciamos no son sólo nuestras sino que nos han sido dadas; que el amor que podemos expresar es parte de un amor más grande; y que la nueva vida que brota en nosotros no es una propiedad a la que apegarnos sino un don que recibir.

En la soledad llegamos a ser conscientes de que nuestro valor no coincide con nuestra utilidad. Podemos aprender mucho en este aspecto de un árbol viejo en el relato de Tao sobre un carpintero y su aprendiz:

> Un carpintero y su aprendiz iban caminando juntos por una gran selva. Y al encontrar un roble alto, grande, retorcido, viejo, hermoso, el carpintero le preguntó a su aprendiz: "¿Sabes por qué este árbol es tan alto, tan grande, retorcido, tan viejo y hermoso?"
> —"No... ¿por qué?
> —"Bien", dijo el carpintero, "porque es inútil. Si fuera útil habría sido cortado hace mucho y convertido en mesas y sillas, pero al ser inútil pudo crecer tan alto y tan hermoso, de modo que uno se puede sentar a su sombra y descansar".

En la soledad podemos crecer libremente sin estar preocupados con nuestra inutilidad y podemos ofrecer un servicio que no habíamos previsto. En la medida en que superemos la dependencia con respecto al mundo, cualquiera sea el significado de mundo —padre, madre, hijos, carrera, éxitos o méritos— en esa misma medida podemos formar una comunidad de fe en que haya poco que defender pero mucho que compartir. Porque, como comunidad de fe, tomamos el mundo en serio, pero nunca demasiado en serio. En una comunidad así podemos

II. Desde la soledad para servir a los demas en espera

adoptar un poco de la mentalidad del Papa Juan que podía reírse de sí mismo. Cuando algún oficial muy condecorado le preguntó: "Santo Padre ¿cuántas personas trabajan en el Vaticano?" él pensó por un momento y dijo: "Bueno, supongo que más o menos la mitad".

Como comunidad de fe trabajamos duramente, pero no somos destruidos por la falta de resultados. Y como comunidad de fe nos recordamos constantemente unos a otros que somos un grupo de personas débiles, transparente al que nos habla en los lugares solitarios de nuestra existencia y nos dice: no temas, eres aceptado.

Conclusión

"De madrugada, cuando todavía estaba muy oscuro, se levantó, salió y fue a un lugar solitario y allí se puso a hacer oración. Cuando Simón y sus compañeros lo encontraron, Jesús dijo: "Vamos. . . a los pueblos vecinos, para que también allí predique, pues para eso he salido".

Las palabras que Jesús pronunció en estos pueblos vecinos nacieron en la intimidad con su Padre. Eran palabras de consuelo y de condenación, palabras de esperanza y de aviso, palabras de unidad y división. Se atrevió a pronunciar estas palabras desafiantes porque no buscaba su propia gloria: "Si yo me glorificara a mí mismo", dijo él, "mi gloria no valdría nada, es mi Padre quien me glorifica, de quien vosotros decís: "él es nuestro Dios", y sin embargo no lo reconocéis" (Jn 8,54). A los pocos años las palabras de Jesús causaron su rechazo y muerte. Pero el que le había hablado en el lugar solitario lo resucitó como un signo de esperanza y de nueva vida.

 Cuando seas capaz de crear un lugar solitario en medio de tus actividades e intereses, tus éxitos y fracasos podrás perder lentamente algo de su poder sobre ti. Porque entonces tu amor a este mundo puede fusionarse con una comprensión compasiva de sus ilusiones. Entonces la seriedad de tu compromiso podrá fusionarse con una sonrisa desenmascarante. Entonces tu solicitud por los demás podrá ser motivada más por sus necesidades que por las tuyas. En pocas palabras, entonces podrás ser solícito. Vivamos pues, nuestras vidas en plenitud, pero no nos olvidemos de levantarnos de vez en cuando de madrugada, de salir de casa e ir al lugar solitario.

II
Con solicitud

(Jesús y sus apóstoles) se fueron en la barca, aparte, a un lugar solitario. Pero les vieron marcharse y muchos cayeron en cuenta: y fueron allá corriendo, a pie, de todas las ciudades y llegaron antes que ellos. Y al desembarcar, vio mucha gente, sintió compasión de ellos, pues estaban como ovejas que no tienen pastor, y se puso a enseñarles muchas cosas. Era ya una hora muy avanzada cuando se le acercaron sus discípulos y le dijeron: "El lugar está deshabitado y ya es hora avanzada. Despídelos para que vayan a las aldeas y pueblos del contorno a comprarse de comer." El les contestó: "Dadles vosotros de comer." Ellos le dicen: "¿Vamos nosotros a comprar doscientos denarios de pan para darles de comer?" El les dice: "¿Cuántos panes tenéis? Id a ver. Después de haberse cerciorado, le dicen: "Cinco y dos peces." Entonces les mandó que se acomodaran todos por grupos sobre la verde hierba. Y se acomodaron por grupos de cien y de cincuenta. Y tomando los cinco panes y los dos peces, y levantando los ojos al cielo, pronunció la bendición, partió los panes y los iba dando a los discípulos para que se los fueran sirviendo. También repartió entre todos los dos peces. Comieron todos y se saciaron. Y recogieron las sobras, doce canastos llenos y también lo de los peces. Los que comieron los panes fueron cinco mil hombres. (Mc 6,32-44).

Introducción

Desde su soledad Jesús extendió su mano solícita a los necesitados. En el lugar solitario su solicitud creció fuerte y madura. Y desde allí entró en proximidad sanante con sus semejantes.

Realmente Jesús tenía solicitud. Siendo pragmáticos, decimos: "es obvio: él dio de comer a los hambrientos, hizo ver a los ciegos, oír a los sordos, caminar a los lisiados y vivir a los muertos. El realmente tenía solicitud". Pero al quedar estupefactos ante lo extraordinario que él realizó, olvidamos que Jesús no dio de comer a la multitud sin haber recibido algunos panes y peces de alguien anónimo entre la multitud; no devolvió el hijo a la viuda de Naím sin haber sentido su dolor; que no resucitó a Lázaro de la tumba sin lágrimas y gemidos que brotaban directamente de su corazón. Lo que vemos y queremos ver es la curación y el cambio. Pero lo que no vemos y no queremos ver es la solicitud, la participación en el dolor, la solidaridad en el sufrimiento, el compartir la experiencia de quebrantamiento. Más todavía, la curación sin la solicitud es tan deshumanizante como un regalo que se da sin sentir nada en el corazón.

Me gustaría reflexionar sobre la solicitud como la base y precondición de toda curación. En una comunidad como la nuestra hemos de poner todo el énfasis en la solicitud. Queremos ser profesionales: sanar a los enfermos, ayudar a los pobres, enseñar a los ignorantes y organizar a los dispersos. Pero nos acecha la tentación de usar nuestra pericia para mantener una cómoda distancia de lo que realmente cuenta y olvidar que a largo plazo la curación sin solicitud es más perjudicial que provechosa. Preguntémonos pues, antes que nada qué significa realmente la solicitud y veamos después cómo puede ser transformada en base de la comunidad.

Solicitud

¿Qué significa tener solicitud? Déjenme comenzar diciendo que la palabra solicitud se ha convertido en una palabra ambigua. Cuando alguien dice: "Yo me encargaré de él" se trata probablemente más de un ataque pendiente que de tierna compasión. Y además de esta ambigüedad, la palabra solicitud es usada con una carga negativa. "¿Quieres café o té?" "A mí me es indiferente". "¿Quieres quedarte en casa o ir al cine?" "A mí me es indiferente". ¿Quieres caminar o ir en auto?" "A mí me es indiferente". Esta expresión de indiferencia, esta expresión con motivo de las elecciones en la vida se ha vuelto muy común. Y a menudo pareciera más aceptable dar la impresión de que a uno no le interesan las cosas que lo contrario, y un estilo de vida exento de solicitud se presenta como más atractivo que otro cargado de solicitudes.

La verdadera solicitud no es ambigua. La verdadera solicitud excluye la indiferencia y es lo contrario de la apatía. La palabra "Solicitud" encuentra sus raíces en el gótico "Kara", que significa lamento. El sentido básico de la solicitud es lamentar, experimentar dolor, clamar con otro. Estoy muy impresionado por este transfondo de la palabra solicitud, porque tendemos a considerarla como una actitud del fuerte hacia el débil, del poderoso hacia el impotente, de los que tienen hacia los que no tienen. Y, en realidad nos sentimos bastante incómodos cuando somos invitados a entrar en el dolor de alguien antes de hacer algo para aliviarlo.

Sin embargo, cuando nos preguntamos con franqueza cuáles son las personas que más cuentan para nosotros, a menudo nos encontramos con que son aquellas que, en vez de proporcionarnos muchos consejos, soluciones o remedios, han elegido preferentemente compartir nuestro dolor y tocar nuestras heridas con mano suave y tierna. El amigo que puede estar en silencio acompañándonos en un momento de desesperación o confusión, que puede quedarse con nosotros en una hora de dolor y congoja, que puede aguantar el no saber, el no curar, el no sanar y enfrentar con nosotros la realidad de nuestra impotencia, ése es el amigo que tiene solicitud.

Podrás recordar momentos en los que fuiste llamado a estar con un amigo que había perdido una esposa o esposo, un hijo o un padre. ¿Qué se puede decir, hacer o proponer en un momento así? Hay una fuerte tendencia a decir: "No llores; el que amabas está en las manos de Dios" "No te entristezcas, porque quedan muchas cosas buenas por las que merece la pena vivir". Pero ¿estamos listos para experimentar nuestra impotencia frente a la muerte y decir: "Yo no comprendo, no sé qué hacer; pero estoy aquí contigo". ¿Estamos dispuestos a NO huir del dolor, a NO ocuparnos cuando no hay nada que hacer sino afrontar la muerte junto con quienes lloran?

El amigo que tiene solicitud deja en claro que, pase lo que pase en el mundo exterior, estar presente el uno al otro es lo que cuenta realmente. En realidad, esto cuenta más que el dolor, la enfermedad e incluso la muerte. Es notable cuánto consuelo y esperanza podemos recibir de autores que, sin ofrecer respuesta alguna a las preguntas de la vida, tienen el coraje de proponer la situación de sus vidas tal como se da, con toda honestidad y sin vueltas. Kierkegaard,

II. Desde la soledad para servir a los demás en espera

Sartre, Camus, Hammarskjold y Merton, ninguno de ellos ha ofrecido jamás soluciones. Sin embargo, muchos de quienes hemos leído sus obras hemos encontrado nueva fuerza para proseguir nuestra propia búsqueda. Su coraje para adentrarse tan profundamente en el sufrimiento humano y llegar a estar presentes a su propio dolor les dio el poder de decir palabras sanantes.

Por eso, tener solicitud significa ante todo estar presente uno al otro. Por experiencia sabes que quienes sienten solicitud por ti se hacen presentes. Cuando escuchan, te escuchan. Cuando hablan, sabes que te hablan. Y cuando preguntan, sabes que lo hacen por tu bien y no por el suyo. Su presencia es presencia sanante, porque te aceptan tal como eres y te alientan para tomar en serio tu vida y confiar en tu vocación.

Nuestra tendencia es huir de las realidades dolorosas o intentar cambiarlas lo más rápidamente posible. Pero curar sin solicitud nos hace mandones, controladores, manipuladores e impide el surgimiento de una verdadera comunidad. Curar sin solicitud nos hace preocuparnos por los cambios rápidos, impacientes y mal dispuestos para compartir unos las cargas de los otros. Y de este modo la curación puede convertirse en ofensiva en vez de liberadora. No es, pues, tan extraño que personas que necesitan curación la rechacen. No sólo las personas individuales han rehusado la ayuda cuando no sentían una solicitud real, sino también minorías oprimidas se han negado a recibir apoyo, y naciones sufrientes han declinado recibir medicinas y alimentos cuando cayeron en la cuenta de que era mejor sufrir que perder el respeto hacia ellos mismos aceptando un don de manos carentes de solicitud.

Comunidad y solicitud

Esto nos plantea la siguiente pregunta urgente: ¿Cómo podemos ser o llegar a ser una comunidad que tenga solicitud, una comunidad de personas que no intente encubrir el sufrimiento o evitarlo desviándolo con sofisticaciones, sino que lo comparte más bien como una fuente de curación y nueva vida? Es importante caer en la cuenta de que no se puede sacar un Doctorado en solicitud, que la solicitud no puede sernos delegada por especialistas, y que en consecuencia nadie puede dispensarse con respecto a la solicitud. Sin embargo, en una sociedad como la nuestra tenemos una fuerte tendencia a remitirnos a los especialistas. Cuando alguien no se siente bien, pensamos en seguida: "¿Dónde podemos encontrar un doctor?" Cuando alguien se halla confundido, fácilmente le aconsejamos acudir a un consejero. Y cuando alguien se está muriendo, en seguida llamamos a un sacerdote. Incluso cuando alguien quiere rezar pensamos si habrá algún ministro cerca.

Esto ocurrió también hace dos siglos, en junio de 1787, durante los días en que se deliberaba sobre la Constitución de los Estados Unidos. Cuando los debates parecían no llevar a nada, Benjamin Franklin propuso abrir las sesiones con una oración. Pero la delegación para la convención rechazó la propuesta no porque no creyera en la oración, sino porque no tenían dinero para pagar un capellán. (Ver S. E. Morrison, *The Osford History of the American People*, New York, 1965, pp 307-308).

Aunque normalmente tiene su importancia recurrir a la ayuda de otros, a veces nuestro recurso a

II. Desde la soledad para servir a los demas en espera

ellos es más un indicio del miedo a enfrentar el dolor que una muestra de solicitud, en cuyo caso estamos guardando y dejando escondido el gran don que tenemos de sanar. Todo ser humano ha recibido, aunque a menudo lo ignora, una gran capacidad de mostrar solicitud, de ser compasivo, de hacerse presente a los demás, de escuchar, oir y recibir. Si este don quedase liberado y disponible, ocurrirían milagros. Quienes realmente pueden recibir pan de un extraño y sonreir agradecidos, pueden alimentar a muchos sin darse cuenta. Quienes pueden sentarse en silencio con sus semejantes sin saber qué hacer pero conscientes de que deben estar ahí, pueden aportar nueva vida a un corazón moribundo. Quienes no temen estrechar la mano en gratitud, llorar de dolor y dejar que un suspiro de angustia emerja directamente del corazón, pueden atravesar las fronteras paralizantes y saludar el nacimiento de un nuevo grupo de pertenencia, el grupo de los quebrantados.

¿Por qué será que guardamos este gran don de la solicitud tan celosamente escondido? ¿Por qué seguimos dando monedas sin atrevernos a mirar a la cara al mendigo? ¿Por qué será que no nos ponemos al lado del que come solo en el comedor sino que buscamos a quienes conocemos mejor? ¿Por qué ocurre que sea tan raro que golpeemos una puerta o usemos el teléfono tan sólo para decir hola, tan sólo para dar a entender que estábamos pensando uno en otro? ¿Por qué nos resulta tan duro esbozar una sonrisa y nos resulta tan dificultoso encontrar palabras de consuelo? ¿Por qué es tan difícil expresar gratitud a un maestro, admiración a un estudiante, y aprecio a los hombres y mujeres que cocinan, limpian y cuidan el jardín? ¿Por qué nunca permitimos que nuestros caminos se encuentren, mientras buscamos siempre otra cosa o persona más importante?

Quizás simplemente porque nosotros mismos estamos tan preocupados por parecer distintos de los demás que ni siquiera nos permitimos deponer nuestra pesada armadura y unirnos a los otros en mutua vulnerabilidad. Quizás estamos tan llenos de nuestras opiniones, ideas y convicciones, que no nos queda espacio para escuchar al otro y aprender de él o de ella.

Hay un relato de un profesor universitario que fue a un maestro de Zen para preguntarle sobre el Zen. Nam-in, el maestro de Zen, le sirvió té. Llenó la taza de su visitante hasta el borde y todavía siguió echando. El profesor miraba el derramamiento del té en el plato, hasta que no pudo contenerse más. ¡"Ya rebasa! ¡No cabe ya más!" "Como esta taza", dijo Nam-in, "tú estás lleno de tus opiniones y especulaciones. ¿Cómo puedo enseñarte Zen si primero tú no vacías tu taza?".

Tener solicitud significa ante todo vaciar nuestra propia taza y permitir que el otro se nos acerque. Significa eliminar las muchas barreras que nos impiden entrar en comunión con el otro. Cuando nos atrevemos a mostrar solicitud, descubrimos entonces que nada humano nos es extraño, sino que todo el odio y amor, crueldad y compasión, temor y alegría pueden encontrarse en nuestros corazones. Cuando nos atrevemos a mostrar solicitud tenemos que confesar que cuando otros matan, yo podría haber matado también. Cuando otros torturan, yo podría haber hecho lo mismo. Cuando otros curan, yo podría también haber curado. Y cuando otros dan vida, yo podría haber hecho lo mismo. Entonces experimentamos que podemos hacernos presentes al soldado que mata, al guardia que molesta, al joven que juega como si la vida no hubiera de acabarse nunca, y al anciano que dejó de jugar desde que le cobró miedo a la muerte.

Por la franqueza en el reconocimiento y la confesión de nuestra igualdad humana podemos participar en la solicitud de Dios que vino, no para los poderosos sino para los impotentes, no para ser diferente sino igual, no para eliminar nuestro dolor sino para compartirlo. Por medio de esta participación podemos abrir nuestros corazones unos a los otros y formar una nueva comunidad.

Conclusión

Cuando Jesús recibió cinco panes y dos peces, los devolvió a la multitud y resultó suficiente para que comieran todos. El don nace del recibir. La comida provino de la solidaridad con los hambrientos, la curación de la compasión y la salud de la solicitud. Quien puede clamar con los que se hallan necesitados, puede dar sin ofender.

Mientras estamos ocupados y preocupados con nuestro deseo de hacer el bien, pero no estamos dispuestos a dejarnos imbuir de la necesidad hiriente de los que sufren, nuestra ayuda permanece suspendida en alguna parte entre nuestras mentes y nuestras manos y no desciende hasta el corazón, que es donde podemos tener solicitud. Pero en la soledad nuestro corazón puede sacarse poco a poco sus corazas protectoras y crecer tanto en anchura y en profundidad que nada humano le resulte extraño.

Es entonces cuando podemos sentirnos arrepentidos, aplastados y quebrantados, no sólo por nuestros propios pecados y faltas, sino también por el dolor de nuestros semejantes. Podremos entonces nacer a una nueva conciencia que va mucho más allá de las fronteras de nuestros esfuerzos humanos. Y entonces nosotros, que en nuestra tremenda estrechez mental temíamos no tener suficiente alimento para nosotros mismos, habremos de sonreir. Para ese entonces descubriremos que tras haber alimentado a más de cinco mil, todavía sobraron doce canastos de panes y peces. Entonces nuestra solicitud nacida desde la soledad puede convertirse en una señal de nuestra espera creyente del día lleno de gozo que se avecina.

III
En espera

(La noche en que fue entregado, Jesús dijo a sus apóstoles:)
"Dentro de poco ya no me veréis, y dentro de otro poco me volveréis a ver".
Entonces algunos de sus discípulos comentaron entre sí: "Qué es eso que nos dice: "Dentro de poco ya no me veréis y dentro de otro poco me volveréis a ver... ¿Qué es ese poco? No sabemos lo que quiere decir".
Se dio cuenta Jesús de que querían preguntarle y les dijo: "¿Andáis preguntándoos acerca de lo que he dicho: Dentro de poco no me veréis y dentro de otro poco me volveréis a ver?
"En verdad, en verdad os digo que lloraréis y os lamentaréis, y el mundo se alegrará. Estaréis tristes, pero vuestra tristeza se convertirá en gozo.
La mujer, cuando va a dar a luz, está triste, porque le ha llegado su hora, pero cuando ha dado a luz al niño, ya no se acuerda del aprieto por el gozo de que ha nacido un hombre en el mundo.
También vosotros estáis tristes ahora pero volveré a veros y se alegrará vuestro corazón y vuestra alegría nadie os la podrá quitar." (Jn 16,16-22).

Introducción

La solicitud nacida en la soledad es muy difícil que perdure, a menos que se vea reforzada por una esperanzada expectación del día del cumplimiento en que Dios sea todo en todos. Sin expectación la solicitud degenera fácilmente en una preocupación morbosa acompañada de sufrimiento y lleva más a quejarse juntos que a formar comunidad. Pero Jesús nos libera de la autocompasión haciéndonos mirar, por encima del breve tiempo de la solicitud, hacia el gran día de gozo.

"Dentro de poco ya no me veréis, y dentro de otro poco me volveréis a ver... Vosotros estáis tristes ahora, pero... se alegrará vuestro corazón, y vuestra alegría nadie os la podrá quitar".

Nuestra vida es un breve período de tiempo en expectación, un tiempo en que la tristeza y la alegría se besan a cada momento. Hay un tipo de tristeza que invade todos los momentos de nuestra vida. Parece que no existiera la alegría pura, pues incluso en los momentos más dichosos de nuestra existencia sentimos un vestigio de tristeza. Toda satisfacción lleva consigo la conciencia de sus límites. En todo éxito incuba el miedo a los celos. Detrás de cada sonrisa hay una lágrima. En todo abrazo subsiste el aislamiento. En toda amistad, distancia. Y en toda forma de luz se conoce la oscuridad circundante.

Gozo y tristeza están tan próximos entre sí como las hojas espléndidamente coloreadas de un otoño en New England lo están de la sobriedad de un árbol sin hojas. Cuando estrechas la mano de un amigo que vuelve, ya sabes que habrá de dejarte de nuevo. Cuando te encuentras emocionado ante la tranquila inmensidad de un océano bañado por la luz del sol, echas de menos al amigo que no puede disfrutarlo. Gozo y tristeza brotan a la vez, y lo hacen ambos desde estratos tan profundos de tu corazón que ni puedes encontrar palabras con las que atrapar tus complejas emociones.

Pero esta experiencia íntima en que cada partícula de vida está tocada por otra de muerte, puede orientarnos más allá de los límites de nuestra existencia. Puede hacer esto precisamente al hacernos mirar hacia adelante en espera del día en que nuestros corazones se llenarán de perfecto gozo, un gozo que nadie nos quitará. Permitidme, pues, ahora reflexionar sobre la espera, sobre la espera como paciencia en primer lugar y después sobre la espera como gozo.

Espera como paciencia

La madre de la espera es la paciencia. La autora francesa Simone Weil escribe en sus notas: "esperar pacientemente en expectación es el fundamento de la vida espiritual". Sin paciencia nuestra espera degenera en mera proyección de deseos. Paciencia viene de la palabra latina "patior", que significa sufrir. La primera cosa que Jesús promete es sufrimiento: "Yo os digo... lloraréis y os lamentaréis... estaréis tristes". Pero él llama a estos sufrimientos los dolores del parto. Y así, lo que parece un impedimento se convierte en un camino; lo que parece un obstáculo se transforma en una puerta, lo que parece un despropósito se convierte en una piedra angular. Jesús cambia nuestra historia de modo que la serie casual de infortunados incidentes y accidentes se convierte en una constante oportunidad para un cambio de corazón. Esperar pacientemente, entonces, significa que nuestro llorar y gemir se transforman en la preparación purificante por la que nos capacitamos para recibir el gozo que nos ha sido prometido.

Hace pocos años encontré un viejo profesor en la Universidad de Notre Dame. Al mirar hacia atrás en su larga vida de docencia, me dijo con un gracioso guiño de ojos: "He vivido quejándome siempre de que mi trabajo era constantemente interrumpido, hasta que descubrí lentamente que mis interrupciones eran mi trabajo".

Esta es la gran conversión en nuestra vida: reconocer y creer que los muchos acontecimientos inesperados no son solamente interrupciones molestas de nuestros proyectos, sino el modo en que Dios moldea nuestros corazones y los prepara para su vuelta. Nuestras grandes tentaciones consisten en el aburrimiento y la amargura. Cuando nuestros buenos planes se ven interrumpidos por el mal tiempo, nuestras carreras bien planificadas por la enfermedad o la mala suerte, nuestra paz mental por la turbación interior, nuestra esperanza de paz por una nueva guerra, nuestro deseo de un jefe estable por un cambio constante de jefes, y nuestro deseo de inmortalidad por la muerte real, estamos tentados de abandonarnos a un aburrimiento paralizante o responder con una amargura destructiva. Pero cuando creemos que la paciencia puede hacer que nuestras expectativas crezcan, entonces el destino puede convertirse en vocación, las heridas en una llamada a la comprensión más profunda, y la tristeza en un lugar de nacimiento de la alegría.

Me gustaría contarte el caso de un hombre de edad mediana cuya carrera fue interrumpida bruscamente por el descubrimiento de la leucemia, un cáncer fatal de la sangre. Todos sus planes de vida se derrumbaron y todos sus hábitos hubieron de cambiar. Pero lentamente dejó de preguntarse: "¿Por qué me pasó esto a mí?" "¿Qué mal cometí para merecer este destino?" para pasar a este otro tipo de preguntas: "¿Qué promesa hay escondida en este acontecimiento?". Cuando su rebelión se convirtió en una nueva búsqueda, él sintió que podría dar fuerza y esperanza a otros pacientes de cáncer y, al afrontar directamente su condición, pudo convertir su dolor en una nueva fuente de curación para otros. Hasta hoy día este hombre no sólo hace por los pacientes más de lo que muchos ministros podrían hacer, sino que incluso reencontró su vida a un nivel que nunca había conocido con anterioridad.

Espera con alegría

Así como la paciencia es la madre de la espera, la espera misma a su vez es la que trae nueva alegría a nuestras vidas. Jesús no solamente nos hizo mirar a nuestros dolores, sino también más allá de ellos: "Vosotros estáis tristes ahora, pero volveré a veros y se alegrará vuestro corazón". Un hombre o una mujer sin esperanza en el futuro no puede vivir creativamente en el presente. La paradoja de la espera en realidad reside en que los que creen en el mañana pueden vivir mejor hoy, que los que esperan que surja la alegría de la tristeza pueden descubrir los inicios de una nueva vida en el centro de la vieja, que los que miran hacia adelante esperando que el Señor vuelva pueden descubrirlo ya en medio de ellos.

Tú sabes en qué medida una carta puede cambiar tu jornada. Cuando miras a la gente que está frente a sus casillas postales, puedes ver cómo un pedacito de papel puede cambiar la expresión en una cara. Puede enderezar las espaldas dobladas y hacer silbar de nuevo a una boca malhumorada. El día puede ser tan pesado como el día anterior y el trabajo tan agotador. Pero la carta que encuentras en tu casilla postal y te dice que alguien te ama, que alguien espera encontrarse de nuevo contigo, que alguien necesita tu presencia, o que alguien promete venir pronto, cambia todo.

Una vida vivida en espera es como una vida en que hemos recibido una carta, una carta que hace volver a quien tanto hemos extrañado más pronto de lo que podríamos imaginar. La espera trae alegría al centro de nuestra tristeza y al amado al corazón de nuestros anhelos. El que estuvo con nosotros en el pasado y volverá a nosotros en el futuro, se nos hace presente en aquel momento precioso en el que la memoria y la esperanza se tocan mutuamente. En ese momento nos damos cuenta de que solamente podemos esperar a alguien porque ya hemos sido tocados por él. Un estudiante de California que tuvo que abandonar a muchos amigos para venir al colegio en la remota costa del este, me dijo recientemente: "Fue difícil partir; pero si el adiós no es doloroso, el hola tampoco puede ser alegre". Y así su tristeza de septiembre se transformó en su alegría de Navidad.

¿Está Dios presente o ausente? Quizás podamos decir ahora que en el centro de nuestra tristeza por su ausencia es posible encontrar los primeros signos de su presencia. Y en medio de nuestros anhelos descubrimos las huellas del que los ha suscitado. Es en la espera fiel del amado donde llegamos a conocer hasta qué punto él había llenado ya nuestras vidas. Así como el amor de una madre por su hijo puede crecer mientras ella está esperando su vuelta, y así como los amantes pueden redescubrirse durante los largos períodos de ausencia, así también nuestra relación íntima con Dios puede llegar a ser más profunda y más madura mientras esperamos pacientemente en expectación por su vuelta.

II. Desde la soledad para servir a los demas en espera

Conclusión

"Dentro de poco ya no me veréis, y dentro de otro poco me volveréis a ver". Estamos viviendo en este poco tiempo. Podemos vivirlo creativamente cuando lo vivimos desde la soledad, esto es, al margen de los resultados de nuestro trabajo. Y cuando lo vivimos con solicitud, esto es, llorando con los que lloran y gimen. Pero es la espera de su vuelta la que moldea nuestra soledad y solicitud y la convierte en una preparación para el día del gran gozo.

Esto es lo que expresamos cuando tomamos pan y vino en agradecimiento. No comemos pan para calmar nuestra hambre ni bebemos vino para mitigar nuestra sed. Precisamente comemos tan sólo un pedacito de pan y bebemos un poquito de vino, en constatación de que la presencia de Dios es la presencia del que vino pero que todavía ha de venir; que tocó nuestros corazones, pero que todavía no ha sacado toda nuestra tristeza.

Y así, cuando compartimos algo de pan y de vino juntos, lo hacemos no como personas que han llegado, sino como hombres y mujeres que pueden apoyarse unos a otros en la espera paciente hasta que lo veamos de nuevo. Y entonces nuestros corazones se llenarán de gozo, un gozo que nadie podrá quitarnos.

Impreso y encuadernado en *Gráfica Guadalupe*
Av. San Martín 3773, Rafael Calzada, CP B1847EZI,
Buenos Aires, Argentina, en el mes de diciembre del 2003